中国教育专家领航系列丛书（第四辑）

卓越教育实践与探索

秦洪国◎著

世界图书出版公司

图书在版编目（CIP）数据

卓越教育实践与探索 / 秦洪国著 . -- 北京：世界图书出版公司, 2022.12
ISBN 978-7-5232-0015-5

Ⅰ.①卓… Ⅱ.①秦… Ⅲ.①中学—学校管理—研究 Ⅳ.① G637

中国国家版本馆 CIP 数据核字 (2023) 第 000355 号

书　　　名	卓越教育实践与探索
（汉语拼音）	ZHUOYUE JIAOYU SHIJIAN YU TANSUO
著　　　者	秦洪国
总　策　划	吴　迪
责 任 编 辑	冯晓红
装 帧 设 计	包　莹
出 版 发 行	世界图书出版公司长春有限公司
地　　　址	吉林省长春市春城大街 789 号
邮　　　编	130062
电　　　话	0431-80787850　13894825720（发行）　0431-80787852（编辑）
网　　　址	http://www.wpcdb.com.cn
邮　　　箱	DBSJ@163.com
经　　　销	各地新华书店
印　　　刷	吉林市京源彩印厂
开　　　本	787 mm×1092 mm　1/16
印　　　张	15.5
字　　　数	259 千字
印　　　数	1—2 000
版　　　次	2022 年 12 月第 1 版　2022 年 12 月第 1 次印刷
国 际 书 号	ISBN 978-7-5232-0015-5
定　　　价	45.00 元

版权所有　翻印必究

（如有印装错误，请与出版社联系）

中国教育专家领航系列丛书（第四辑）

顾问委员会

主　任　崔国涛
委　员　荣文龙　李国庆　李大伟　吕德辉
　　　　李亚君　张德文　胡培柱　马德刚
　　　　高嘉翼　唐名刚　张月柱　王淑琴

编委会

主　编　张月柱　王淑琴
副主编　宋剑锋
编　委　（按姓氏笔画排列）
　　　　王　双　王　惠　王　琦　朱艳秋
　　　　刘　俐　刘彦平　关爱民　谷玉宣
　　　　杜晓明　李　杰　李　吟　李文茸
　　　　李笑颜　杨秀艳　杨　悦　邹凤英
　　　　辛　枫　张　玲　张　辉　张继会
　　　　苗春义　郝　伟　郭小梅　高　楠
　　　　高贤美　黄　娟　曹大春　崔　瑜
　　　　裴国英　谭　清

总序

当前，我国基础教育面临高质量发展、数字化转型等新的机遇与挑战，在加快建设教育强国的新征程中，造就一支专家型教师队伍，对于办好基础教育至关重要。《中国教育专家领航系列丛书》回应时代呼唤和社会期盼，以打造本土教育专家为宗旨，为全面深化教师队伍建设、助力教师专业发展提供了坚实有力的平台。

多年来，长春教育在教师队伍建设上花大力气，下狠功夫，培养了一批专家型教师。他们有坚定的理想信念和高尚的教育情怀，在工作岗位上不断更新教育理念，开展教学改革实践，形成了具有本土特色的教育教学成果，成为基础教育的领军人物。《中国教育专家领航系列丛书》系统地诠释了他们的教育主张、教学风格和教育智慧，推出了一批有深度、有影响的高质量学术成果，丰富和发展了基础教育研究的理论体系和实践经验。丛书的推出既为教师梳理教育思想、凝练成长路径、提升教学成果开辟阵地，也为打造一支新时代高素质专业化创新型教师队伍注入强大动能，推动长春市基础教育优质发展，形成领航全省、辐射全国的良好态势。

党的二十大报告中明确提出要构建高质量教育体系，推进教育现代化，建设教育强国。《中国教育专家领航系列丛书》将持续发力，凝练本土教育智慧，提升本土教育专家的思想引领力和行动影响力，推广中国式现代化基础教育优秀成果，辐射带动广大教师专业成长，为中国教师领跑，为中国教育领航。

2022 年 12 月 18 日

目 录

contents

第一章　卓越文化解读 / 1
- 一、提出背景 / 4
- 二、发展历程 / 7
- 三、核心主张 / 8
- 四、思想体系 / 15
- 五、文化表达 / 19

第二章　卓越多元课程构建 / 23
- 一、背景分析 / 25
- 二、课程理念与目标 / 27
- 三、课程结构体系 / 27
- 四、课程实施的途径及策略 / 28
- 五、课程评价 / 31
- 六、典型案例 / 38

第三章　卓越课堂教学模式 / 59
- 一、"卓越课堂教学模式"提出背景 / 61
- 二、"卓越课堂教学"内涵解读 / 65
- 三、理念与追求 / 66

☞ 四、流程与策略 / 70

☞ 五、课堂评价 / 75

☞ 六、教学案例 / 77

第四章　卓越教师队伍建设 / 111

☞ 一、"卓越教师"内涵解读 / 114

☞ 二、教师团队发展经验 / 116

☞ 三、教师团队提升思路 / 126

☞ 四、教师队伍建设培养模式 / 129

☞ 五、实验创新——让课堂充满了挑战性 / 144

☞ 六、教师团队建设保障措施 / 153

第五章　卓越少年心灵成长 / 157

☞ 一、卓越少年成长目标 / 159

☞ 二、卓越少年成长理念 / 160

☞ 三、卓越少年成长共同体 / 162

☞ 四、卓越少年成长课程 / 173

☞ 五、卓越少年成长育人团队 / 198

第六章　卓越学校未来展望 / 223

☞ 一、发展定位 / 225

☞ 二、发展灵魂 / 227

☞ 三、卓越工程 / 228

☞ 四、未来展望 / 237

第一章
卓越文化解读

第一章 卓越文化解读

一所学校要想深层次发展，形成自己的品牌文化，就需要凝聚自己的文化魂魄。"一〇三"的发展需要这样的文化魂魄的引领。历经东北师大专家团队的指导以及深耕不辍的实践行动研究，"一〇三"的历史凝结成了卓越教育的文化精髓。那么卓越教育又应该是怎样的文化体系，它有着怎样的内涵和外延？从国内外卓越教育中，又有哪些可以借鉴到"一〇三"的发展中来？通过卓越教育我们将培养什么样的卓越少年？我们力求在对卓越文化的梳理中给出清晰的答案。

"卓越"是世纪之交国际教育组织和发达国家在调整教育发展战略过程中提出的新理念，美国、英国、苏格兰、新加坡等多个国家以及国内一些地区都探索了不同类型的卓越教育行动。有的重在形成卓越的学校管理，比如美国的"角逐卓越"计划；有的重在构建卓越的课程体系，比如苏格兰提出"卓越课程改革"；有的重在打造卓越的教师队伍，比如法国提出追求卓越的教师教育改革行动，特别突出了教师的专业素养。国内提出卓越教育的地区，将关注点和着力点放在卓越课堂的打造上。比如深圳南山区和重庆市均希望构建多元、开放、包容的课堂教学文化，全面提高课堂教学效率和育人质量。华师大二附中主张的卓越教育是为实现每个学生拥有幸福而又有意义的人生而进行的。

总的来说，当下关于卓越教育领域的研究的趋势是：第一，推进"高质量全民教育"，如英国的《追求卓越的学校教育》计划将教育改革着眼于大多数学生；美国的《不让一个孩子掉队法》强调每一个学生都有平等享受教育的权利等。第二，质量的内涵已经从单纯评价学生掌握知识的多少，扩展到包含认知发展、社会均衡和学习态度三大方面。第三，培养适应全球化发展的公民，即培养能够理解当下时代的学生。第四，重视学生的创新能力。第五，建立问责制度，培养卓越教师。

全面建成社会主义现代化强国，是党的十九大提出的新时代中国特色社会主义发展的宏伟目标。强国须由教育奠基，教育助力强国建设。十九大报告把"建设教育强国"确定为"中华民族伟大复兴的基础工程"，并要求"必须把教育事业放在优先位置，深化教育改革，加快教育现代化，办好人民满意的教育"。这是以习近平同志为核心的党中央对新时代中国特色社会主义教育事业做出的重大决策，为促进教育改革发展以及办好人民满意的教育提供了根本遵循。在伟大梦想的感召之下，推进新时代中国特色社会主义教育事业要紧扣四个关键词，即"新时代中国特色社会主义"的"新"、"中华民族伟大复兴的基础工程"的"基"、"建设教育强国"的"强"、"把教育事业放在优先位置"的"先"。2019年全国教育工作会议要求：全面贯彻党的教育方针，坚持发展抓公平、改革抓体制、安全抓责任、整体抓质量、保证抓党建，加快推进教育现代化，建设教育强国，办好人民满意的教育。

南关区是长春的老城区，文化教育水平较高，百姓对教育的期望值很高。在这样的背景下，南关区教育局提出了实施生态教育工程，以树立生态文化理念、创设绿色生态环境、探索生态文化模式打造一批环境优美、富有生态文化内涵和体现鲜明办学特色的学校。该项目制定了《三年发展规划》及与之相配套的《五大工程实施方案》，卓有成效地开展了一系列活动，为进行区域学校改进打开了视野、拓宽了思路、提供了较为多样化的路径选择。生态教育体系化框架构建为我校实施生态理念下的卓越教育提供最大的机遇。同时引入东北师大专家团队，为学校发展引领新方向。

一、提出背景

长春市第一〇三中学始建于1962年，坐落于长春发祥地、文脉所在地、百年商埠地的南关主城区和日新月异、聚集效应凸显的南部新区。

经历了半个多世纪的演变和发展，目前学校已形成以亚泰大街校区为中心，联动大经、桃源、华泽、南部新城、自强五个校区共同发展的教育集团。

（一）学校价值追求的形成

办人民满意的教育，一直是几代一〇三人的追求。建校之初，学校性质是职业学校，学校就把培养高素质的职业人才作为学校的最高追求，为国家建设培养了很多技术人才。1983年开始办初中义务教育，1993年兼办外语小语种实验班，学校又名第二外国语学校。当时学校的办学特色鲜明，毕业生外语水平很高。进入新世纪，2000年学校拓宽发展路径，将大经路小学归并，实施中小学九年义务教育，学校进入了发展的正轨。2002年亚泰校区投入使用，学校跨越发展，规模翻番。2012年，东湾校区投入使用，学校成为大学区龙头校，学校走上了集团化办学之路。2015年，学校由北部东湾校区迁址南部新城校区，发展方向转向南部。从办学规模的扩大和办学水平的提升，学校的跨越式发展无不体现着卓越的办学思想。

（二）学校办学宗旨的落实

学校实行中小学九年制一体化管理，始终秉承"以人为本，为学生终身发展奠基"的办学理念，植根学校四色多维文化，把学生培养目标定位为："培养具有中国气质、国际视野的中小学生"。在"追求卓越、崇尚一流、做豪迈的一〇三人"学校精神感召下，学校以课程建设为素质教育的突破口，搭建了促进学生全面发展的多元课程平台，构建了一〇三中多元课程体系，形成了丰富多彩的课程文化。在学校的发展历程中，一〇三人始终注重传承，秉持教育为人民、办学为百姓的宗旨，提出"办人民满意的教育"的学校发展目标。一流的教学设施、雄厚的师资力量、先进的教育管理理念，显示卓越气质，实现了跨越式发展。无论是办学品质还是教学质量均得到社会好评。

学校先后获得"国际交流示范校""全国特色学校""全国教育科研先进单位""全国现代教育技术试验学校""吉林省精神文明建设标兵单位""吉林省电化教育示范校""长春市教师专业发展示范学校""市一类一级示范校""五一劳动奖状""素质教育窗口校"等百项荣誉称号。目前学校实行了集团化办学，总结学校发展的历程，卓越教育应时而生，这是由几代一〇三人共同努力生成的，是从独特丰富的办学经验中提炼而成的，也是今后进一步发展的坚实基础。

（三）校长崇高的教育情怀

2017年，我来到一〇三中学担任校长，迎来了长春市第一〇三中学教育集团"学有优教、提质增效"的蝶变。伴随着对一〇三教育集团的深入了解，逐渐清晰了"卓越教育"的办学理念，教职工胼手胝足，摩顶放踵，学生诚信乐学，卓越求真，育成南关之文苑，绽放教育之幽兰。

从走上教育管理岗位，始终秉承"教师为学生终身发展奠基"的工作理念。2011年，我带着"教学生三年，想学生三十年，让学生受益一辈子"的教育理念到五十六中学任校长。提出了"立德、立言、立志、立行"的八字方针，使五十六中学发生了很大的变化。2017年初，局党委任命我为一〇三中学的校长，我带领团队梳理了几代一〇三领导集体共同缔造的文化积淀和管理经验，厘清了在"传承中发展，在创新中提升"的办学思路。从领导班子建设到凝聚教师队伍，从课程体系构建到学校的德育工作的落实，从功能室的建设到校园环境的改善都做到了卓越管理。我总是说："办学就是办精气神，一个学科，一个校区，就是一个团队，就应该具备卓越的精气神；教学活动不仅注重活动本身，而且通过活动展示某种卓越状态，体现团队的卓越精神。""崇尚卓越教育，追求卓越精神，最关键是要加强思想自觉和行动自觉。""学生培养的落脚点，最终在课程上，课程之卓越，最终体现在学生的卓越发展上，真正做到'卓尔不凡，越而胜己'。"

二、发展历程

（一）起步阶段

2000年—2002年，南关区政府实施名校战略，着力打造一〇三中学，合并了大经路小学，亚泰校区投入使用，学校获得了首批全国现代教育技术实验校称号。在学校50周年校庆上首次提出了"追求卓越、崇尚一流，做豪迈的一〇三人"的学校精神。

（二）发展阶段

2002年—2012年，学校开始对办学理念、学校文化、课堂管理、德育建设等进行深入研究，初步打造了信息技术应用的办学特色。学校发展也迎来了新的机遇，在政府的倾力打造下，学校以先进的办学理念和优异的教育教学质量一跃成为南关区龙头学校和长春市品牌学校。

（三）完善阶段

2012年—2017年，追求卓越的办学思想已经成为学校发展的引领，在精神文化、行为文化、环境文化、大学区建设等多个方面进行了深入研究，尤其是在参加南关区生态课堂建设的实践中建立了较为完整的课程体系。学校在从改制学校退回公办学校，在生源质量下降的大环境下，仍然保持着良好的发展态势。

（四）提升阶段

2017年—2020年，学校在基础教育领域的实验性和示范性的品牌效应日益明显。但学校的文化丰富庞杂，缺少鲜明特色，没有一个明确的词语能准确描述文化定位和文化魂魄。急需对学校办学文化进行梳理和定位。此时恰逢南关区开展了卓杰教育的行动研究，开展"五大工程"建设。通过东北师大专家的多次入校把脉，学校通过了自下而上的词语大风暴活动，要求每个老师提出一个能够代表学校文化的标志性的词语。通过研讨，根据柳海民教授的建议，遵循学校原有的"追求卓越、崇尚一流，做豪迈的一〇三人"学校精神，确定文化魂魄——卓越教育。

三、核心主张

（一）卓越教育的基本内涵

1."卓越教育"的新定义

《汉书》记载："夫唯大雅，卓尔不群；卓然独立，越而胜己。""卓越"在《现代汉语词典》里的解释为：非常优秀，超出一般。综合上述，对于卓越教育之"卓越"二字可以理解为：卓，优质优雅；越，跨越超越。我们结合学校实践将"卓越教育"定义为：内涵优质、不断超越的教育。我们的新界定可以用八个字来诠释"卓越教育"，那就是：卓尔不凡，越而胜己。

"卓越教育"文化解读

2. 卓越教育的基本内涵

"卓尔不凡，越而胜己"：从学校追求的文化精神及形成的文化底蕴体现了卓越教育的精髓和内涵，从学校发展上体现了做大教育，讲求整体化、区域化协调发展的教育发展理念。我们理解的"卓越教育"基本内涵是："卓尔不凡，越而胜己"。

（1）"卓尔不凡"表现为：志向远大，放眼世界；人格独立，优化群体；思维创新，学求精尖；言行踏实，德才超群。

具体阐述为：

第一，志向远大，放眼世界。志向反映价值观，打开学生眼界，让他对人生、世界、宇宙产生积极兴趣，才能"卓然独立"。

第二，人格独立，优化群体。"独立"强调自我本位，强调自我的奋发图强。独立是一个人个性和才华的表现。独立人格的培养不仰视所谓的大人物，不俯视所谓的小人物。独立的人、不依附的人才能做到真正的相互合作，才能优化这个群体。

第三，思维创新，学求精尖。思维创新体现在培养学生探索的欲望、学习的兴趣、研究的积极性以及发现的能力，善于发现问题是创新性思维更重要的方面。

第四，言行踏实，德才超群。在实现追求的过程中，言行一致，求实奋进，才可能成为我们期望的未来的创新人才、卓越人才。

（2）"越而胜己"表现为：找准位置，认清自我；反思改进，完善自我；学会选择，成就自我；自觉发展，超越自我。

具体阐述为：

第一，找准位置，认清自我。学生对自我的认识应该有相对理性系统的思考："我是谁""我到底是个怎样的人""我能够成为怎样的人"，卓越人生的起航最重要的是帮助学生清晰地认识自己，找准人生定位。

第二，反思改进，完善自我。反思是一个人成长过程中的重要一环，学会在实践的过程中，在元认知的意义上，对自我作整体意义上的反思。这实际上是一种习惯，养成这种习惯就容易胜己，才可能不断地完善自我。

第三，学会选择，成就自我。要成就自我、超越自我，需要每个阶段对自己做出的选择具有清醒的认识和能力。人生其实是个不断选择的过程，如果选择正确就是抓住了时机，更容易实现发展，成就自我。

第四，自觉发展，超越自我。人的生命达到自觉状态，就是达到了自我发展的最高境界。孔子说"七十而从心所欲，不逾矩"，自由是自己内心的选择，自觉发展才可能实现个性化发展，才能真正成就自我。

（二）卓越教育的理论基础

美国著名成功学大师博恩·崔西从人才的角度诠释卓越的意义："不断地为自己制定越来越高的目标，然后尽一切可能达到这些目标，你将会成为一个卓越的人。"同时，美国NBA著名教练帕特·莱利也有一句有关卓越的经典的话："不断力求做到最好，就能逐渐达到卓越。"由此可见，卓越就是对一个个更高目标的追求、不断进行自我超越的过程。

第一，多元智力理论确立卓越教育对象。

在20世纪60年代，世界著名心理学家霍华德·加德纳提出："在知识领域上有许多种卓越。一种卓越的知识活动带来了新的理论，但另一种则发展了新的机器。一种想法认为卓越要在教学中表达出来，而另一种想法却认为研究才是卓越的最佳保证。一种想法认为卓越必须靠数据来支持，而另一种想法却以为卓越有如诗词般的意象。某种卓越需要通过教育制度来达到，但另外一种则要在教育体系以外才能体现出来。"加德纳对卓越的对象的界定，实际上指出了卓越课堂的可能。第二次世界大战以后，科技发展日新月异，面对政治、经济以及文化变革的冲击，世界各国均开展相应的教育改革，在此背景下，美国里根政府向国会提交了《卓越教育报告书》，该报告提出了教育的"3E"原则，即追求卓越、提升效益和重视公平。这是首次在政府文件中使用卓越教育，正式确立卓越教育的标准。

霍华德·加德纳的多元智力理论将人类所有能力分成了八个综合性类别：言语能力、逻辑—数学能力、空间能力、肢体—动觉能力、音乐能力、人际能力、内省能力和自然观察能力，并指出每个人都同时拥有这八种能力。但是他同样指出，每个人的八种能力都是不均等的，有的人可能拥有较高水平的其中几种能力，更多人能够将其中的一种能力发挥到极致。加德纳教授还认为，智力是"在一定的社会文化背景下，个体用以解决自己面临的真正难题和生产及创造出社会所需的有效产品的能力"。由此可以看出，学生的不同智力与学生自身的不同能力的发展程度以及不同的文化环境相关联。由此，多元智力理论让我们认识到每个学生都是独立、独特的个体，有着巨大的发展潜力。卓越教育的宗旨，应该是面向全体学生的教育，为不同潜力的学生提供适合其发展的卓越的教育。

第二，最近发展区理论确定卓越教育范畴。

苏联心理学家维果茨基的最近发展区理论认为，需以儿童的年龄成熟为基础进行教学设计，当我们试图确定儿童的发展过程与教学的可能性的实际关系时，需要确定儿童的两种发展水平：第一种水平指儿童到今天为止已经达到的发展水平，即儿童在独立活动中所达到的解决问题的水平；第二种水平指现在仍处于形成状态的、刚刚在发展的过程，即儿童在有指导的情况下借助成人的帮助所达到的解决问题的水平。这两种水平之间的差异即"最近发展区"。维果茨基认为"教学应当走在发展的前面"，即教学应当以创造最近发展区为己任。因此，各种教学形式与教学方法的采用应考虑到对儿童发展的最大效果，教学不能仅停留在儿童已有的发展水平，而应着眼于儿童今后的心理发展，并合理地影响这种发展。"最近发展区理论"的最大化，才能促使各个学生充分地发展，儿童的发展可以在同伴交往、教师、家长的引导之下，吸取自己能力范围之外的知识。而卓越教育在确定学生最近发展区的教育中，以"越而胜己"的姿态，在最大的兴趣空间产生最大的效应。

第三，成功智力理论指导卓越教育方向。

耶鲁大学心理学教授罗伯特·斯腾伯格认为，能够使人走向成功的是"成功智力"。具备"成功智力"意味着能够从分析性、创造性、实践性三个维度进行分析，而且知道在什么时候、以何种方式有效地使用这些能力。具体而言，就是可以"用分析性智力发现好的解决办法""用创造性智力找对问题""用实践性智力来解决实际工作中的问题"。成功智力理论有效地为卓越教育指明了方向，如果学生能够拥有"成功智力"，就能变得更加优秀。

《论教育与人的卓越》一书中提到："人对卓越的向往一直以来就是生命的内在诉求，在不同的历史条件下，人之卓越会有不同的表现方式，但它总是指向人之各种生命潜能的充分展现，它体现了生命不断攀登真善美高峰的理想和愿望。因此，教育在教会人学会谋生的知识技能以外，更重要的是要不断激发生命之可能性的潜力、不断鼓励学生勇攀卓越人生的高峰，并最终实现生命的灵光闪现。"

（三）卓越教育的实践特征

1. "卓尔不凡，越而胜己"的核心精神

卓越教育是在总结不同阶段学校发展的进程中应运而生的，这是由几代一〇三人共同努力凝练而生成的。"卓尔不凡，越而胜己"的核心精神是从独特丰富的办学经验中提炼而成的，也是今后进一步发展的坚实基础。全体师生必须把追求卓越当作精神追求和行为准绳，将这种精神渗透到学校的每一个角落。

2. "核心素养"的多元化卓越课程体系

学校将"核心素养"置于深化课程改革、落实立德树人目标的基础地位。把培养学生"卓越发展"的核心素养作为卓越课程体系建设的终极目标。通过卓越课程体系建设，在课程体系建设中把促进学生全面健康成长作为工作的出发点和落脚点，紧紧围绕"品行卓越、思想卓越、能力卓越、智力卓越"，进行课程体系建设的顶层设计。坚持以国家课程校本化实施的理念提升为核心，不断提升国家课程校本化实施的水平和质量。坚持以学生的培养目标引领学校课程的实施推进，设计各学段课程、教材和各类实践活动。坚持以过程的科学评价推进学校课程生态建设的良性提升。

3. "追求卓越，崇尚创新"的行为目标

卓越教育最终的落脚点是人，做卓越学生，做卓越老师，实施卓越管理。学校探索多种途径将卓越教育理念内化为师生认可的价值观和行为方式。发挥仪式的教育力量，在升旗仪式、开学典礼、百日誓师、大型活动、社会实践、拓展课程等多方面融入卓越教育的基本精神和行为原则。倡导教师开展专业反思，让每一位教师在专业发展过程中把卓越教育理念内化于心，外显于行，努力成为卓越教师。

评价目标	目标描述	落实情况
理念体现与教学设计	正确掌握课程的基本理念和教学模式，坚持全面发展的素质教育，体现知识与技能、过程与方法、情感态度价值观的和谐共融。教学设计严谨独特、结构合理、层次分明。	较好（　） 一般（　） 较差（　）

教学目标的制定与达成	确定适合学生特点与课程特点的教学目标，目标明确、具体、切实可行，符合学生实际。教学效果显著，能使学生对教学目标有深刻的领悟，较高程度地达成教学目标，确保每个学生都受益。	较好（　） 一般（　） 较差（　）
教学内容设置的适切性	教学内容选择适宜，符合学生实际需求，并与教学目标一致，暗含目标。内容生动有趣，贴近学生的生活，适合学生身心发展水平，易于学生理解和把握，有利于学生学习目标的达成。	较好（　） 一般（　） 较差（　）
教学方法的多样性	教学方法应与课程目标一致，并服从、服务于教学内容的需要。教学方法动静相宜、灵活多样、有实效，符合学生特点，为学生所喜爱。教学媒体的选择应恰当。总之，合理采用教学形式，运用灵活多样的教学方法，体现兴趣导向，注重教学过程。	较好（　） 一般（　） 较差（　）
教学组织	教学程序和结构要清晰合理，新颖有效。教学组织主次分明，进程紧凑、灵活有序，各环节连接自然流畅。沉着应对教学过程中出现的各种意外情形并妥善处理，体现教师的主导作用。	较好（　） 一般（　） 较差（　）
教学准备工作	主要指教师的备课及教学材料的准备要充分；教学场地的选择恰当；教学环境的设置要有利于师生互动和同学间的交流与沟通。	较好（　） 一般（　） 较差（　）
教师综合素养	教师对课程的把握要准确，对知识的理解和技能的使用要到位，思路清晰，点拨得法。仪表、教态、语言恰到好处，体现较高的修养与人格魅力，为人公正、平等、负责、理解、宽容、有亲和力，能取得学生的信任并成功激励学生。	较好（　） 一般（　） 较差（　）

学生满意度	学习方式要体现出自主、合作与探究性。学生对教师有积极的情感和态度，师生关系融洽；课堂气氛活跃，学生主动参与的程度较高，学习负担适宜；学生对知识技能的理解与掌握较好。	较好（　） 一般（　） 较差（　）
教学反思的深刻性	能客观地进行反思，分析具体透彻，依据理由充分，语言准确清晰。能从教学实施的反思中，提出课程整体或局部的修缮问题，有利于对课程进行重构与改进。	较好（　） 一般（　） 较差（　）
总评		

四、思想体系

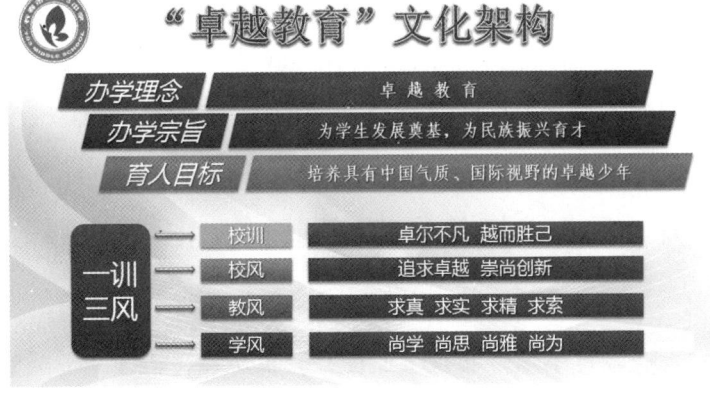

"卓越教育"文化架构

（一）办学理念：卓越教育

"卓越教育"是为实现每一个学生拥有幸福而有意义的人生而进行的教育，是为每一个孩子提供能够充分激发其潜能的教育，是为所有的孩子树立远大的目标并促使他们努力去实现的教育。"卓越教育"最终使学生品行卓越、思想卓越、能力卓越、智力卓越。卓越教育使其志向不狭窄；人格（人的性格、气质、能力等特征的总和）不依附；思维不趋同；言行不浮夸。自我日清晰；反思成习惯；人生会选择；发展能自觉。潜能得到挖掘，个性得到张扬，为终身发展奠基。

（二）办学宗旨：为学生发展奠基，为民族振兴育才

教育为民族振兴奠基。致天下之治者在人才。世界近代史上落后国家成功实现跨越式追赶的国家一概奉行"知识就是力量，人才就是未来"的原则。人才是衡量一个国家综合国力的重要指标，人才资源是经济社会发展第一资源。国家的课程标准在义务教育阶段给学校一定的自主发展的空间，允许学校在自主开发校本课程的框架内开发不同的课程内容，保证每一个学生在达到共同基础的前提下，根据不同的兴趣爱好选择不同的课程内容，从而更好地和高中教育衔接。义务教育阶段是学生卓越人生成长的关键时期，也是学生的世界观、人生观、价值观的初步形成时期，是学生在未来求知、工作、生活和发展的能力奠定阶段。卓越教育能从这些方面更好地培养学生的世界眼光、民族情怀、科学精神及创新品格，为学生的终身发展奠基。

（三）育人目标：培养具有中国气质、国际视野的卓越少年

优先发展教育事业，必须全面提升教育质量。人才培养质量是教育的生命。全面提升教育质量，就要坚持以推进素质教育为主题，把

人的全面发展作为衡量学校办学水平的主要标准，把适应社会需要作为衡量人才培养质量的核心指标，增强学生的社会责任感、创新精神、实践能力。全面提升教育质量，就要创新教育理念和教学模式，把握"互联网+"国家行动计划之良机，使信息技术与教育教学深度融合，既引发教学模式的深刻变革，也构建网络化、数字化、个性化、终身化的教育体系，以实现人人皆可成才、人人尽展其才、人人都有出彩机会的美好愿景。

志向远大，着眼未来，发现和发展每一位学生的潜能，培养具有中国气质、国际视野的卓越少年，让每一个学生拥有幸福而有意义的人生。卓越教育使每一个学生在既有基础上进一步发展、激活自身的潜能，使不同个性、不同天赋、不同基础、不同类型的学生的潜能都能得到发现和发展，把"卓尔不凡，越而胜己"的追求从个体扩展到全体，实现个体卓越和全体卓越的统一。

（四）校训：卓尔不凡　越而胜己

"卓尔不凡"是一种价值取向，强调奋发图强，有远大志向。志向反映价值观，卓越人生就是让学生打开眼界面向世界，面向未来。要做到"卓尔不凡"，还要重视培养学生独立的人格，在人格上对他人的俯视和仰视都不可取。在学生的思维培养上，注重思维品质和创造性，不扼杀学生探索的欲望和发现能力。

"越而胜己"强调了对自我的超越。超越自己首先要认清自己，自己想成为什么样的人，这是卓越人生的起航。在学生的发展中要重视自我的人格、能力、尊严与创造的培养。不断督促他们自我反思，让他们通过反思自己弄清楚自己的领悟、问题、发展及障碍，养成反思的习惯就容易胜己。有了清晰的自我认识，就知道了该选择什么。如果选择正确就是抓住了时机，就更容易实现自我发展。如果学生有了自我发展的自觉性，也就达到了追求"卓越人生"的最高境界。卓越教育为学生提供学会生存、融入社会的学习实践经历，发展人格，完善品德；开发认知潜能，培养探究习惯，训练创新思维；拓展视野，健康身心，学会生活，学会审美，进而实现知识传承、能力发展、积极情感形成的统一，实现学生身体素质、心理素质、社会素质的整体提升，满足学生发展的个性化需求。

（五）校风：追求卓越　崇尚创新

坚持追求卓越，牢固树立追求卓越的价值导向和行为规范，营造崇尚创新的文化氛围，是学校健康持续发展的必然要求，也是学校引领社会创新文化建设的重要任务。

（六）教风：求真　求实　求精　求索

求真：就是对教学、学术前沿不断探索和把握的专注精神。
求实：就是在扎扎实实的教研和学术创新中探求真理的精神。
求精：就是在学校发展中形成共识的创新精神和卓越精神。
求索：就是不断探索、不断追求、超越自我的奋斗精神。

优先发展教育事业，必须加强教师队伍建设。习近平同志把教师奉为"立教之本、兴教之源"，并要求各级党委和政府要从战略高度认识教师工作的极端重要性。教师是最庄严、最神圣的职业。作为打造中华民族"梦之队"的筑梦人，教师务必时刻铭记立德树人的使命，以牢固树立理想信念来自觉增强教书育人的荣誉感和责任感，争做"四有"好老师，踊跃投身教育创新实践，锐意推动教学改革，为学生锤炼品格引路，为学生学习知识引路，为学生创新思维引路，为学生奉献祖国引路，帮助学生筑梦、追梦、圆梦，让一代又一代学生都为实现民族复兴发挥正能量。引导教师深入理解生态教育理念，完善教师发展课程体系和激励机制，落实"全景式"研修思路，组建三层联动的"雁阵"发展团队，全面提升教师素质。利用三年的时间形成一批有"有影响力"的教学名师，有"知名度"的带头教师，有"教育智慧"的个性教师，有"教育激情"的胜任教师，造就一支师德高尚、业务精湛、结构合理、充满活力、自主和谐发展的卓越教师队伍。

（七）学风：尚学 尚思 尚雅 尚为

尚学：笃志学，意为乐学智学。
尚思：敏思辨，旨在发展思维。
尚雅：趣高雅，崇尚高雅新风。
尚为：身力行，注重实践体验。

教育强国，就是让我国教育走近世界教育舞台中央。在新的历史起点上建设教育强国，要高举和平、发展、合作、共赢的旗帜，胸中装有国内国际两个大局，以教育开放的主动赢得教育发展的主动。"卓越教育"就是让积极向上的物质环境建设营造学校浓厚的文化气息，使学生在潜移默化的熏陶中追求卓越，立志成才。将卓越教育的思想植入学校的物质环境建设，营造出卓越教育的文化蕴意。从校园基础建设改造到楼层卓越文化的体现，从教研组文化布置到班级文化的创建，卓越文化体现到孩子们的每一个成长空间。

五、文化表达

（一）校徽

校徽设计理念及文化解读：
一〇三中学校徽由雏鹰、天使、蝴蝶及中英双语的长春市第一〇三中学（103 MIDDLE SCHOOL）等视觉元素构成，

校徽

主体视觉元素为数字"103",该元素围绕"天使之爱,蝶舞鹰翔"的核心意念。《诗经·大雅·大明》有云:"维师尚父,时维鹰扬",雄鹰为奋扬威武的象征,常用以比喻有志之人;天使,代表圣洁、良善,现多用来比喻美丽、纯洁、善良、挚爱,象征着一〇三中学的孩子们天真活泼、聪明可爱的特点;蝴蝶色彩斑斓、形象绚丽,常被用来象征幸福、优雅与美丽,"破茧化蝶"通常比喻由平凡到高贵、由普通到华美的精神升华。校徽复合上述意向,结构出恰似蝴蝶曼舞,又似雏鹰展翅,更似天使飞翔的视觉,巧妙的写意直观生动,给人以稳重大气、端庄凝重之中不乏亮丽灵动、青春时尚的观感印象。

(二)校旗

校旗

校旗设计理念及文化解读:

一〇三中学校旗设计采用复合型构思原则,将校徽中数字"103"变形出的"天使之爱,蝶舞鹰翔"图形意向与多维文化教育理念中代表四种文化元素的红、金、蓝、绿四种色彩相结合,四色元素通过曲线结构,做出如飘带、似浪潮的视觉变形,配合以手书体学校名称,整体画面活泼不失严谨、时尚不失严肃,充分体现了一〇三中学以文化立校的科学发展思路。

（三）校歌

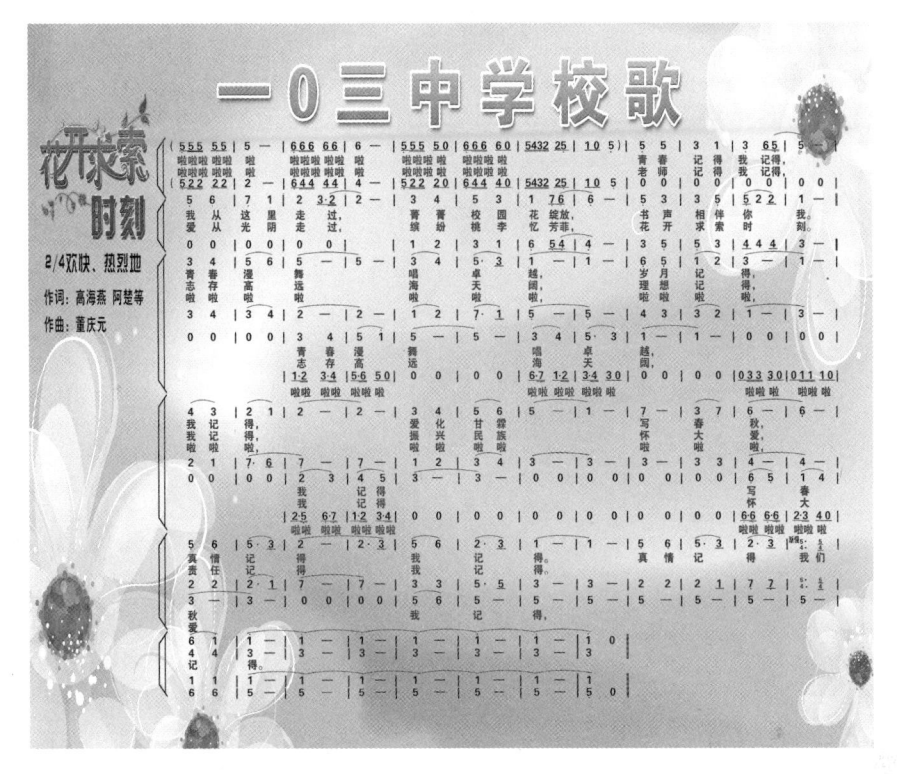

校歌

在学校课程体系建构的探索中，遵循以学生为本的原则，着力于课程多样化的建设，一〇三中学形成了适合本校学生和教师发展的学校特色课程体系，满足了学生和家长的个性化需求，促进了学生的全面发展，丰富了"卓越教育"的内涵。有人说："学校是真正意义上的生长课程的地方。"学校课程的多样化建设体现了一个学校的校园文化、办学特色和教育理念。

第二章
卓越多元课程构建

课程，即学校学生所应学习的学科总和及其进程与安排，是对教育目标、教学内容、教学活动方式的规划和设计，也是教学计划、教学大纲等诸多方面实施过程的总和。课程是学校教育的核心载体。在大力推进培育学生核心素养的基础之上，学校秉承"卓越教育"的办学理念，根植学校四色多维文化，试图搭建一个促进学生全面发展的多元课程平台。学校将学生培养目标定位为："培养具有中国气质、国际视野的卓越少年"。在"追求卓越、崇尚一流，做豪迈的一〇三人"学校精神的感召下，学校以卓越的生态资源为依托，以透析学校历史文化为基础，凝练卓越教育的内涵，构建卓越教育办学思想体系，实现对校园文化、班级文化、课程文化、教师文化等方面的探索与实践。以课程建设为卓越教育的突破口，以培养思想卓越、智力卓越、品行卓越、能力卓越、创造卓越的卓越少年为目标，试图搭建一个促进学生全面发展的多元课程平台，构建出一〇三中学卓越多元课程体系，以满足每一个一〇三学子多样化的发展需求，为民族未来发展奠定根基。

一、背景分析

（一）学校发展需要

　　一〇三中学始建于1962年，从伊通河畔一所名不见经传的民办学校，发展成为拥有亚泰、大经、南部新城、桃源、自强五个校区，4000多名学生，400多名优秀教师的规模学校，这是几代一〇三人不懈的努力和奋斗的结果，更是一〇三人不甘落后、勇于追求卓越的结晶。"追求卓越、崇尚一流，做豪迈的一〇三人"已经成为学校精神，努力做到最好，不断自我超越，自我反思，卓越的理念已经渗透到学校师生的血脉中，融入血液里。优良的学校传统，促使一〇三人不断开发拓展课程，从原来的英语、信息特色课程，到现在的物联网、无人机、STEAM 课程，引领着南关区课程发展方向。作为全国知名的省市老牌优质学校，学校先后获得"国际交流示范校""全国特色学校""全国教育科研先进单位""全国现代教育技术试验学校""吉林省精神文明建设标兵单位""吉林省电化教育示范校"等百项荣誉称号。一流的教学设施、雄厚的师资力量、先进的教育管理理念，彰显卓越气质。课程是教育的载体，是培养人的基本途径，一流的学校必须有一流的课程。从 2011 年开始，学校从学生发展的实际需要出发，借鉴先进校的课程经验，开展了以提升学生综合素养为目标的学校多元化课程建设的探索与研究，提出了构建了有一〇三特色的卓越课程体系。

（二）学生发展需要

义务教育阶段是学生卓越人生成长的关键时期，也是学生的世界观、人生观、价值观的初步形成时期，是学生在未来求知、工作、生活和发展的能力奠基阶段。为了适应现代社会对人才的发展需求，学校结合多年积淀，依据学校发展方向，确立了"培养具有中国气质、国际视野的卓越少年"的培养目标。有什么样的目标，就有什么样的课程；有什么样的课程，就有什么样的教育。成功的教育应该是开放的、可选择性的。正是基于这样的认识，我们把卓越课程作为学校教育的有效载体、文化浸润的有效途径。通过多元课程设计，学校关注每个学生的未来发展方向，培养学生具有"大家风范、人文底蕴、科学精神、国际视野"的人文素养，激发他们的发展潜能，使他们各方面都能够得到健康成长。

二、课程理念与目标

学校着眼于学生的未来，建立了具有一〇三特色的育人生态团队，以提高学生的人文素养和科学素养，助力学生的全面发展和终身发展，确立了"思想卓越、智力卓越、品行卓越、能力卓越、创造卓越"的课程理念。学校尊重和理解每一位学生的个性和特质，力求通过创造多样的教育资源、教育机会和教育平台，提供多元的评价标准，从而培养出自律担当、文雅强健、探究创造和视野开拓的优秀少年，实现生命个体的充分发展，为每一位青少年的未来发展做出最大的努力。

三、课程结构体系

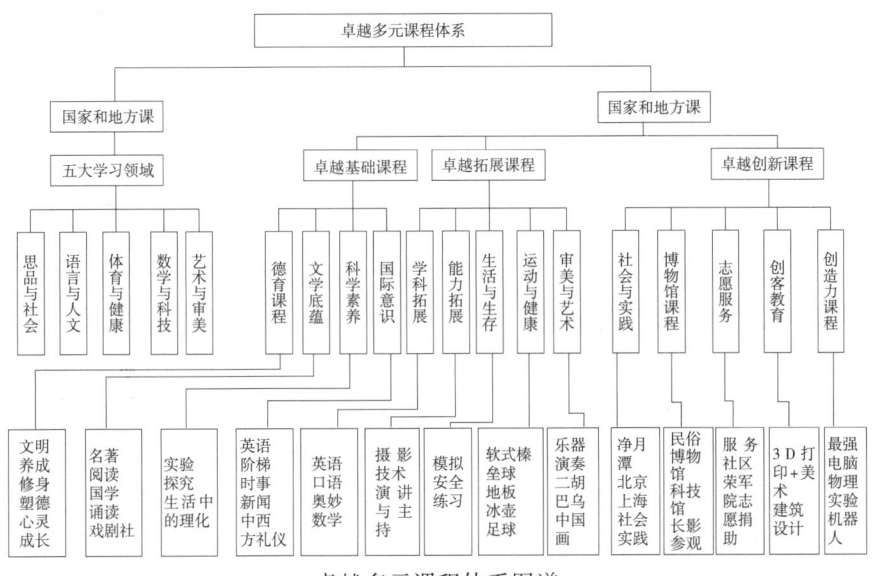

卓越多元课程体系图谱

四、课程实施的途径及策略

（一）国家课程主体化

国家课程承担着培养时代新人的重大责任，它是整个课程体系的指南针和基础。我校坚持将国家基础课程作为培育人才、践行社会主义核心价值观的主阵地，在国家基础课程的实施过程中，我们力图将国家的课程规划和设计转变为适合一〇三中学学情的多样化的行为策略。

1. 课堂教学生态化

我们以建设具有鲜明生态教育特色的优质学校为努力方向，在原有"1361"生态课堂模式基础上，形成具有自主探究、体验生成、合作交流等特征的一〇三特色的多样化生态教学模式。

2. 课程目标阶梯化

着眼于学生成长发展实际，整体设计九年培养目标和计划实施方案，实施1—9年级阶梯阅读计划，有计划、有目标、层层递进地提升阅读能力。

3. 延展课程个性化

根据学生整体发展需求以及学科特色，开设延展性课程。如将口琴、竖笛引入课堂；开设英语交际课；将数学思维训练与课外拓展相结合，编撰校本教材等，多角度激发学生学习欲望，培养学生可持续发展的能力。

国家基础课程的生态化、阶梯化、个性化改造，促进了学生的可持续发展，但你搞我搞他也搞，不能突出学校特色。在发展基础课程基础上，从20世纪90年代起，一〇三走上了开发英、日、俄外语特色和信息特色的创建之路。通过建立外语研究室，设立外语学科首席教师岗位，设立英、日、俄外语节，开展基础知识大赛等形式，活跃课程形式，由于成果显著，学校被誉为"长春市第二外国语学校"。

信息特色的形成是借助中央电教馆"农远双教一课"活动，带动全校教师生开展信息化手段应用比拼活动，与乡村学校探索互学互帮新形势，从而提高学校信息化发展速度。学校形成了外语、信息两大品牌课程，至今这两大品牌课程仍是学校的优势课程。

（二）社团活动课程丰富化

社团活动的课程化，既是促进学生个性发展的有效途径之一，也是素质教育的着力点之一。一〇三中学结合多年积淀和学校发展方向，确立了"培养具有中国气质、国际视野的卓越少年"的培养目标。把卓越课程作为学校教育的有效载体、文化浸润的有效途径，通过多元课程设计，充分考虑每个学生的未来发展，让学生有"大家风范、人文底蕴、科学精神、国际视野"，激发他们的发展潜能，使他们各方面都能够得到健康成长。

1. 丰富多彩的拓展课程

在国家课程的基础上，我们继续延伸拓展，共开发了六大类、80余门拓展课程，涵盖了90%学科。在调查问卷基础上，结合学生的兴趣取向和教师的业务专长，组织教师成立开发团队，对学科内容进行调整、重组和拓展、延伸，把国家课程按照学校特点进行校本化处理。

如在英语学科方面，先后开设英语阅读、英语翻译、快乐学英语等拓展科目；音乐学科，学校在原有教材基础上，将方便携带、易于掌握技巧的口琴、竖笛引入课堂，并先后开设了葫芦丝、吉他、电子琴、舞蹈、二胡等课程，满足了学生对乐器和舞蹈等艺术相关知识的多样化需求；在语文学科方面，先后开发文学社、国学诵读、经典阅读等课程；在数学学科方面，开发了奥妙数学、几何画板等课程；物理学科，开设了生活中的电路、单板课程；化学学科方面，开设了微型化学实验、生活中的化学等课程，满足了学生个性化发展需求，促进了学生个性特长的挖掘和发展。

如美食DIY课程。学生自己设计制作美食，不仅开发想象力，培养动手能力，在制作过程中还涉及营养学、美学等一系列知识，促进了学生综合能力的提升。为了满足学生高层次发展需求，我们对于一些有专项特长、思维活跃的孩子进行个性化课程设置。如精通电脑的孩子，他们有学习机器人、电脑编程的需求。针对学校信息技术力量较强的特点，我们以"机器人课程""电脑维修""数码技术"等为载体，融合数学算法、信息技术、工程设计、创意实践等多方面的知识内容，不仅促进了不同学科的整合，也拓展了学生思考问题的层次和维度。本学期我们为七个有特长的学生增设了拓展实验课程，满足了学生发展思维的需求，促进了学校拓展课程不断向纵深发展。

我校学生的培养目标是"培养具有中国气质，国际视野的卓越少年"。为此我们开设了锤炼中国气质的修身塑德课、国学诵读课，研发了中西方礼仪课和便于了解当前世界科技发展脉搏的科技发展前沿课等。

中西方礼仪课通过对中西方礼仪异同的对比，引导学生思考应如何传承中华民族传统礼仪，以及如何与西方礼仪进行合理有效的融合，从而加强学生对本民族传统文化的热爱，对西方文化的尊重，学会了解、理解、辨别、包容各种文化，拓展学生的文化视野，提升文化素养，逐步形成正确的价值观。

2. 新颖高端的创新体验课程

新的时代提出新的要求，为了适应国家科技文化飞速发展的时代步伐，满足学生的需要，学校特开设了科技、体育、文化等相关创新体验式社团课程。如为适应互联网+的需求开设的STEAM社团课程，通过空间开发，创立理想学堂，设置导学模块，满足学生个性化需求；无人机相关社团增强了学生手脑并用的能力；体育方面的软式棒垒球、地板冰壶、花式足球社团课程等极大丰富了学生在校生活，成为一〇三课程体系中的一个亮点。

（三）社会实践课程完善化

"社会是一所大学校，体验课程是没有围墙的大课堂"，有特色的、科学规范的综合实践体验课程，是提升学生核心素养的重要举措。

一〇三体验性课程的构建，不仅关注了学生的体验性，更注重了校本课程目标和实施过程的建设。

携手社区,建立了社区教育服务站,让学校教育走进社区,实现家庭、学校、社会的良性互动。

建立校外教育基地。学校定期组织学生到伪满皇宫博物院、师大自然博物馆、科技馆、净月潭等地开展社会实践体验活动,并且设置了长、沈、京、沪四处实践活动地点,开展"走出校园,亲近自然,体验社会"为主题的社会实践课活动。此外,还建立了澳门、台湾、新加坡、马来西亚、韩国等国内和国外实践基地,使实践体验的空间得到极大的拓展。

五、课程评价

评价的主旨在于检验课程目标达成与否,目的不在于评出优劣好坏,而在于增进对课程和教学的了解,能充分激励师生积极参与,调动师生的积极性与创造性。因此,评价不仅要在课程活动结束时进行,而且要贯穿整个课程活动过程中。主要从课程评价、教师评价、学生评价三个方面对校本课程进行评价。

校本课程评价小组通过听课、查阅资料、调研访问等形式,对教师进行考核,并进入业务档案。主要是四看:一看学生选择该科的人数,二看学生实际接受的效果,三看领导与教师听课后的反应,四看学生的问卷调查结果。

最初对学生评价是每学期一次,学期末开展一次结果评价,学生可通过实践操作、作品鉴定、竞赛、评比、汇报演出、感受感悟等形式进行展示和汇报,教师根据学生汇报成果进行等级评价。此评价体系注重将过程性和终结性相结合,既注重教师校本过程实施和学生学习过程,又关注教师和学生学习的收获,这样评价不仅保证了校本课程的科学性,拓宽了教师的专业领域,同时也张扬了学生的个性,彰显了学校办学特色。

长春市一〇三中学校本课程教师综合评价表

教师姓名：_____ 任教班级：_____ 评价时间：____年____月

项目	内容	分值	自评	校评
课程设置	1. 课程目标是否合理清晰。 2. 内容选择是否具有针对性和综合性（即适合学生认知水平与年龄特征、多学科综合、内容设计有弹性），是否彰显学校或师生个性特色。 3. 教学设计是否符合学生年龄特征和认知规律。 4. 评价方法是否具有激励性与可操作性。	30		
课程实施	1. 教师必须制定《课程纲要》和学期实施计划，撰写课时教学计划。 2. 教师应按学校的课程安排上课，达到规定的课时与教学目标。 3. 教师应保存学生的作品、资料及在活动竞赛中取得的成绩资料。 4. 教导处通过听课、查阅资料、调查访问等形式，对教师进行考核。	50		
学生学业成绩评价	1. 校本课程不采用书面考试或考查方式，但要做考勤、实践、操作等评价记录。 2. 教师根据三维课程目标进行评价，可按照"优""良""一般"评定等级，作为班级、学校"优秀学生"评比条件之一。 3. 学生成果通过实践操作、作品鉴定、竞赛评比、汇报演出等形式展示，成绩优秀者可将其成果记入学生个人成长档案袋。	20		
总评等级		总分		

备注：90分以上为"优秀"，80—89分为"良好"，60—79分为"合格"，60分以下为"不合格"。

长春市一〇三中学校本课程学生评价表

班级：_____ 姓名：_____

评价要素	评价内容	评价等级	自评	同学互评	师评
学习品质	1. 基础知识的掌握	优秀★★★ 良好★★ 合格★			
	2. 与同伴的合作和交流				
	3. 资料收集、整理、归纳				
学习水平	1. 软件的操作熟练程度	优秀★★★ 良好★★ 合格★			
	2. 方法和技巧				
	3. 制作作品的想象力				
	4. 制作作品的创新能力				
作品展示	1. 是否完成	优秀★★★ 良好★★ 合格★			
	2. 干净、精美				
	3. 具有创意				
我的收获					
老师对我说					

长春市一〇三中学校本课程实施教师评价表

项目	内容	具体指标	分值	自评	组评	备注
课程方案评价40分	课程开发的意义（10分）	1.校本课程是与国家课程、地方课程紧密联系的，是对其有益的补充，是彰显学校特色的。	5			
		2.校本课程促进学生的个性发展，提高学生的各方面素质。	5			
	目标定位（15分）	1.目标明确清晰。	5			
		2.知识、能力和情感目标齐全。	5			
		3.贯彻因材施教的原则。	5			
	课程内容（10分）	1.教材框架清晰，有序列性。	5			
		2.教材内容科学、启发性强、突出实践能力的培养。	5			
	评价（5分）	评价可操作性强、方法科学、具有激励性和制约性。	5			

校本课程实施过程评价60分	指导思想（10分）	1.体现教为主导、学为主体、疑为主轴、动（练）为主线的教学原则。	5			
		2.课程实施中注重德育渗透和情感熏陶，注重"四有"培养目标的达成。	5			
	教学过程（30分）	1.期初制定教学计划，安排好教学进度。	4			
		2.能深入钻研教材，根据学生的实际，设计内容开放、容量适量、层次分明、有针对性的教案。	5			
		3.能灵活运用多种教学方法进行教学，重点和难点的处理有新意，且效果好。	6			
		4.课堂语言流畅、规范，具有生动性和启发性。思维清晰，有强度，有坡度。	6			
		5.能面向全体学生，因材施教，学生情绪高涨。课堂无死角、无"闲"人，整体性成效好。	6			
		6.现代化教育技术运用娴熟，设计内容及呈现手段具有不可替代性。	3			
	实施成果（20分）	1.能激发并维持学生对该课程的兴趣，学生评价良好。	8			
		2.能及时收集、整理学生学习的过程性资料。	5			
		3.指导的学生能举行一定范围的展示活动。	7			
说明	等级分数	优秀：90分以上；良好：80—89分；合格：60—79分；不合格60分以下。	100			

长春市一○三中学校本课程学生课堂活动评价表

年级_____ 班级_____ 姓名_____ _____年_____月_____日

评价项目	评价标准 A	评价标准 B	评价标准 C	评价结果	备注
参与意识	积极参与 主动性强	积极参与 欠主动	能够参与		
个性展示	特长突出	展示充分	能够展示		
实践能力	极强	较强	一般		
合作意识	有较强交往能力 合作能力强	能顾全大局 会与人合作	有合作意识		
创新能力	意识明显 思维活跃	有创新意识	表现一般		
自我评价	客观公正	较公正	片面		
综合表现	积极主动 思维活跃 表现突出	积极参与 展示自我	安于现状 表现一般		

长春市一〇三中学校本课程学生成绩及学分登记表

　　　　学年　　第　　学期　　年级（　）班　　姓名　　学号

成绩学分项目		平时成绩	期中成绩	期末成绩	学期总评	学时学分	奖励学分
类别	科目						
基础性课程	思想政治						
	语文						
	数学						
	英语						
	物理						
	化学						
	生物						
	历史						
	地理						
	信息技术						
校本选修课一	名称	学分	名称	学分	名称	学分	
校本选修课二	名称	学分	名称	学分	名称	学分	

奖励学分	类别	名称	奖励学分
本学期总学分	基本学分		奖励学分

六、典型案例

【案例模块一】德育课程——风车节

一〇三中学第一届风车节活动策划方案

活动主题：风车转转转，转出我童年

标志设计：征集LOGO

创意来源，校长灵感：一次参加吉林风车展活动，一次冬天校园内空旷花坛设计，一次回忆童年时做风车、玩耍风车时的开心时光，意接千载，思绪万千，极具地域特点的风车能否引发学生的创作灵感？在校园能否开展丰富多彩的文化创意活动，让学生亲手感受传统文化的经典，进而形成课程成为教育资源？风车或许会在校园里引发一场教学改革的震动！无风车，不童年，为童年而设计！

地域文化，校本课程：风车——代表着勇敢、勤奋、进取、快乐和灵动，象征着自由与梦想，象征着一帆风顺，风车是世界通用的语言，风车拥有无限的内涵和指向性；同时风车是我国北方极具地域性质的文化特质，具有形成区域性校本课程的先天条件，极易为学生提供一个张扬个性、展示水平的平台。

深入思考，卓越教育：通过课程的策划与实施激发学生对科学技术的热爱，通过风车这个载体让学生对外域文化、中国古代文化、科技、审美、历史有一个完整的了解，进而培养学生开拓创新精神和创新意识，开发学科整合课程，丰富学生的课余生活，活跃校园学习气氛。如何培养学生"卓尔不凡，越而胜己"的卓越发展精神？教育要摆脱课程笼而统，就要向课程细而全发展。课程之所以没有靠向个性，就是因为课程概而不全，拢而不细。挖掘地域性校本课程是实现卓越教育的有效途径。

文化校园，核心素养：举办风车节，旨在展现学校"勇于创新、追求卓越，精心运筹、科学组织，迎难而上、坚韧不拔，协同配合、团结奋斗，文明友好、开放和谐"的精神。

校区联动，转出梦想：一〇三教育集团拥有亚泰、大经、南部新城三个校区，加上桃源、自强，教育集团化办学，舞动的风车正象征着教育集团化办学校区之间的转动，推进集团化办学的发展。

活动目标：完善课程系列，培养创新创造能力；宣扬校园卓越文化。

活动内容：

1.通过校本学科整合课程让学生全方位了解风车。

2.学生根据自己对风车的整体把握，结合学校卓越教育四色文化制作（画、折、剪、贴、制、3D打印）有关风车艺术品，将自己对风车的情感理解融入其中。

3.校园展示，风车节的节点，学生参与各种活动，展现校园文化，展示创新精神。

活动时间：3月中旬—4月中旬。

实施过程：

3月18日—3月22日风车节启动宣传及课程编写。

3月25日—4月12日征集LOGO设计，评选最佳设计；课程实施及学生制作；产生校本教材（每班一册）。

4月中旬，风车节，展示活动。

课程组织：

语文（张敏）：风车风筝在中国古典文化当中的呈现。

历史（张雅文）：风车风筝的起源和发展历程及在古代重大历史事件当中的作用。

物理（李刚）：风车工作原理。

数学（张宁）：从风车当中看中轴对称图形。

美术（李鑫）：风车中的审美。

英语（蔡文琳）：域外风车。

STEAM课程（王蕾、季晓莹）：3D风车。

科学（张晓雪）：如何使风车更快更高。

体音美学科深度融合，创编自己校区的韵律操。

致家长的一封信

尊敬的各位家长：

您好！

春光无限，微风正好。在这播撒梦想的季节里，"一〇三中学首届风车文化节"即将拉开帷幕。

本次风车文化节活动以学校"卓越教育"思想体系为引领，力求通过"教学做合一"的"卓越风车课程""卓越风车课堂"的构建，让孩子们在风车历史与文化的海洋中积淀人文底蕴；在风车与学科融合的立交桥上寻找自主发展的绝佳路径；在风车应用的天空中学会发现与创造。让不同个性、不同天赋的学生都能在不断的自我超越中"卓尔不凡，越而胜己"，逐步成为"具有中国气质、国际视野的卓越少年"。

我们真诚地希望在您的支持和鼓励之下，孩子能在这个独特的节日中展现自我，超越自我，享受成功的喜悦！在家中，也请您多多支持孩子：

1. 同孩子一起收集整理有关风车的文献及视频资料，享受美妙亲子时光的同时，收获深耕精研的快乐。

2. 鼓励孩子主动探索、奇思妙想，制作散发独特光芒的风车。

3. 认真倾听孩子关于"一〇三中学首届风车文化节"LOGO设计的想法，给出中肯的评价或意见。让孩子树立更高的自信，秀出更完美的自我。

4. 带领孩子走进春天，找寻风车在生活中的应用，了解风车的用途，在生活中与风车对话。

风吹风车转，车转幸福来。最后，祝您事业如风车滚滚向前、蒸蒸日上；祝全体一〇三学子展开梦想的翅膀，如风车迎风起舞。

长春市第一〇三中学首届"风车文化节"
LOGO 征集活动

班级_____ 设计者_____

征集要求	1. 作品形式图文并茂、主题鲜明，能够体现"风车节"内涵。 2. 作品简洁大方、一目了然、色彩鲜艳，可体现"风车文化节"字样。 3. 作品中可体现学校文化，有美好的寓意。
LOGO 设计 方案	
设计 意图	

备注：可将 LOGO 直接画在表格上，也可用彩印图片粘贴在表格上

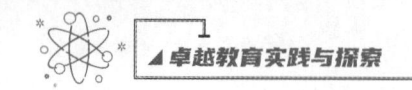

一〇三中学小学部首届"风车文化节"主题活动明细表

实施阶段	组织机构	活动内容	成员分工
第一阶段（宣传及文案征集阶段）2019.3.20—2019.3.29	组长：吴鸿波 副组长：王爽、金晓莹 组员：班主任、美术组教师	3月20日，活动启动，明确组织机构分工。 3月21日，活动解读，内涵引领，家校合力，LOGO设计征集。 3月25日，LOGO设计第一稿上交。 3月25日—3月27日，设计海选。 3月28日，LOGO设计定稿成册。 3月29日，出展板。	1.美术组根据学校整体方案，设计"风车节"活动LOGO征集海报，宣传此次"风车节"主题活动。并成立评选团队，对作品进行海选，选拔理念佳且有设计感的作品，并提出修改方案，修改后定稿成册。 2.各年组以班级为单位进行LOGO制作。 3.科研处和教导处设计课程。
第二阶段（制作阶段）2019.3.25—2019.3.29	组长：王爽 组员：班主任、美术组教师	一、二年级手绘创意风车画。 三、四、五年级手工制作风车，结合课程，创作设计，体现生态环保创意。	学科教师利用课程引领，帮助学生构建创意，结合自身思考，形成创意。

阶段	负责人	活动内容	具体安排
第三阶段（布展及学生活动阶段）2019.4.1—2019.4.5	学生活动： 组长： 王爽 组员： 班主任、体育组教师、音乐组教师	风车文化节展示活动： 1. 风车文化节开幕仪式。 2. 学生风车文化节活动律动。 3. 趣味风车游戏。	风车文化节展示活动： 1. 体育组联合音乐组，组织设计学生手拿风车律动。 2. 体育组设计风车文化节趣味游戏。 3. 班主任引领学生以年级为单位参与，参观风车节活动，收集过程材料。
	布展： 组长： 高亮 组员： 后勤	校内外布展： 1. 内部布展：班级走廊文化墙分主题布置。 2. 外部布展：班级区域手工风车展示。	校内外布展： 1. 内部布展：班主任引领学生进行走廊文化墙分主题布置。 2. 外部布展：班主任引领学生进行区域手工风车展示。后勤负责场地划分。

校长在风车文化节上的致辞

各位领导、各位同仁、各位来宾：

春光无限，微风正好！今天是个好日子。一个是，我们一〇三教育集团这个大家庭，又迎来了一位新成员，从现在起我们就是五个校区、五个兄弟了；可以说，这预示着今年一〇三教育集团一定会是个"五福临门、五谷丰登"的好年景！再一个是，属于我们一〇三中学自己的节日，即首届风车文化节，将在各方宾客的祝福中和全校师生的期盼里，拉开那精彩的帷幕！在此，我代表一〇三全体师生，对莅临盛会的各位领导、嘉宾，对一直以来关心一〇三发展的好朋友们，表示热烈的欢迎！

风送满春祥梦来，车驰康庄大道宽。风车，在中国传统文化里，又名吉祥轮，到了现代又有蒸蒸日上的寓意。我们认为，风车它迎风旋转，这正是一〇三人乘风破浪、激流勇进的真实写照；我们认为，风车它自由奔放，这正是一〇三人卓尔不凡、越而胜己的不屈姿态；我们认为，风车它色彩斑斓，这正是一〇三人精彩治学、多彩生活的教育向往。对此，我们决心要把一〇三风车文化节办成一次"卓越教育"的大PARTY（聚会），坚持以"无风车不童年、为童年而设计"的理念，做了精心准备。这段时间我们在教育局的指导下，为风车节设计评选出了极具特色的LOGO（标志）。开发了与风车有关的校本课程，力求通过"教学做合一"的"卓越风车课程""卓越风车课堂"的构建，让孩子们在风车历史与文化的海洋中积淀人文底蕴，在风车与学科课程融合的立交桥上寻找自主发展的适合路径，在风车应用的实践里学会发现与创造。邀请家长与我们同行，同孩子一起收集整理有关风车的文献及视频资料；制作散发独特光芒的风车；倾听孩子关于风车文化节LOGO设计的想法，给出中肯的评价或意见；带领孩子走进春天，在生活中与风车对话。

春风吹得风车转，车转不停幸福来。让一〇三风车文化节，带领孩子们走进春天里；让一〇三风车文化节，把这个春天变得更加温暖、更加美丽、更加生机盎然。

最后，祝所有来宾事业如风车滚滚向前、蒸蒸日上；祝一〇三师生展开梦想的翅膀，如风车迎风起舞；祝一〇三中学"首届风车文化节"圆满成功！

谢谢大家！

一〇三教育集团首届风车节启动仪式主持稿

各位领导、老师大家上午好！

俗话说：最美人间四月天。在这充满生机、充满希望的春天，我们相聚在一〇三中学，首先，让我代表一〇三中学的全体师生对各位的光临表示诚挚的欢迎和衷心的感谢！

风车，在中国传统文化里，又名吉祥轮，到了现代又有蒸蒸日上的寓意。我们认为，风车，它迎风旋转，这正是一〇三人乘风破浪、激流勇进的真实写照；我们认为，风车，它自由奔放，这正是一〇三人卓尔不凡、越而胜己的不屈姿态；我们认为，风车，它色彩斑斓，这正是一〇三人精彩治学、多彩生活的教育向往。一〇三教育集团"风车转转转，转出我童年"首届风车文化节正是在秦洪国校长的倡导下，以展现学校"勇于创新、追求卓越，精心运筹、科学组织，迎难而上、坚韧不拔，协同配合、团结奋斗，文明友好、开放和谐"的精神为宗旨，以开发校本课程为抓手，以培养学生人文底蕴和创新创造能力为目标的大型活动。我们坚持以"无风车不童年、为童年而设计"的理念，为学生而设计！

今天我们的活动安排如下：

首先，请大家一起观看风车节的宣传片。

然后，欣赏由孩子们自己创作的风车节诗朗诵。

满园风车舞青春，一季春光醉少年。让一〇三风车文化节，带领孩子们走进春天里；让一〇三风车文化节，把这个春天变得更加温暖、更加美丽、更加生机盎然。

接下来请与会的领导到二楼参观风车成果展，参观结束到操场参加启动仪式活动，与会的家长直接到操场，等候风车节启动仪式。

风车节书签

风车节风车展　　　　　　风车节学生照片

【案例模块二】基础课程——文学底蕴：国学诵读

诵读经典，积累精华，陶冶情操
——"国学经典诵读"校本课程纲要设计

课程名称：国学经典诵读

授课对象：1—6年级学生

课程指导思想：

贯彻教育部、国家语言文字工作委员会《关于在学校开展"中华诵·经典诵读行动"试点工作的通知》（教语用函〔2010〕6号）精神，弘扬中华民族传统文化，传承中华民族的伟大精神，提高国人的文化素质，增强民族凝聚力和爱国主义精神，培养高尚的道德情操；提升教师师德和知识积累；让青少年在中华五千年悠久历史所积淀的精美华章的滋养中建立道德行为规范。通过背诵积累，提高学生文化素质，加强传统文化的教育，提升学生文明素养。

本学期开始，我校开发"国学经典诵读"校本课程，并在全校实施。

课程目标：

1.通过全面开展国学教育，让学生了解中华文明，传承优秀文化，弘扬民族精神，塑造其良好的思想品德，健全其人格修养；通过背诵，培养学生挑战自我、勤奋学习的态度和毅力；激发学生诵读国学经典、阅读国学经典作品的兴趣。

2.让优秀传统文化走进校园、走进课堂、走进学生的生活，形成人人爱国学、人人学国学的良好氛围，帮助学生养成良好的生活习惯，形成敦厚善良的心性。

3.普及国学知识，使学生的说与写的能力得到明显的提升，促进学生对语文的学习兴趣，建立教育新模式，探索育人新途径。

4.通过师生同诵同写同讲的活动，促进教师自身文化素养的提升，提高教师的专业素养。

课程内容：

1.自编我校"国学经典诵读"教材，诵读经典诗词、诸子典籍等。

2. 开展丰富的诵读经典、书写经典、试讲经典活动，激发学生学习中国语言文字的兴趣，激发其对于中国文字的热爱之情。

3. 国学课与语文课相结合，并推荐优秀经典的课外阅读书目提高学生学习语文、热爱语文的兴趣。

课程实施：

（一）实施原则

1. 勤于积累、学以致用的原则。要注重课内与课外、校内与校外相结合，以积累为主，逐步引导学生积极运用，使国学成为学生真正的营养。

2. 与特色活动相结合的原则。通过丰富多彩的活动，让学生在活动中学国学，提高其学习国学的兴趣。

3. 精选精读、取其精华的原则。适应新时期的发展需要，有利于学生的身心健康，取其精华，去其糟粕，选读精彩华章，不全盘照搬。

4. 简单和易于操作的原则。通过各种有趣的方法和形式激发学生参与实验的兴趣，不断优化实施策略，使其更为合理、简单和有趣。

5. 评价考核。教务处要制定科学的考核评价办法并认真落实，推动促进"国学经典诵读"课程有效实施；各年级班主任要根据不同年龄段学生特点设计不同的评价体系，以激发学生养成长期坚持并形成自觉的诵读习惯。

（二）实施措施

1. 时间安排：每天早读20分钟、午读15分钟，其他课余时间。

2. 责任教师：各班班主任。

3. 内容安排：（暂定）

年级	内容
一年级	《小学生必背古诗70首》中的10首、《弟子规》
二年级	《小学生必背古诗70首》中的20首、《三字经》
三年级	《小学生必背古诗70首》中的20首、《增广贤文》
四年级	《小学生必背古诗70首》中的10首、《论语精摘》《千字文》
五年级	《小学生必背古诗70首》中的10首、《声律启蒙》《笠翁对韵》
六年级	《小学生必背古诗70首》、"国学经典"精摘

4. 活动安排：

①每学期举行一次"国学经典诵读"研讨课活动，每次一节公开课。

②每学期进行一次质量检测活动，总结讲评。

③每学期举行一次"国学经典诵读"相关竞赛。

（三）课程实施保障措施

1. 成立"国学经典诵读"校本课程管理小组。

确定组长、副组长及成员名单。

2. 加强课程管理，分工明确，协调一致。

课程组负责课程开发，包括内容安排、教材编写等；教导处全面组织实施、督察落实、组织考核评价，年级组要按教务处要求积极配合；教研组、年级组要分阶段定期组织研讨，提出可操作的指导意见。

3. 后勤保障。

课程实施所需经费学校予以支持。

课程评价：

1. 对教师的评价：按学校要求按进度完成教学任务。教学有计划，有督促学生自主学习的措施（如"每日一句""每周一诗""每月一赛"等），有落实，效果好。

2. 对学生的评价：①按时完成背诵的内容，粗知大意；②初步了解"国学经典"，了解中华文明，热爱中国语言文字；③能积极影响学生形成良好思想品德。

3. 对课程的评价：看是否按《课程纲要》计划落实了课程内容，是否达成了预期目标。

课程预期成果形式：

1. "国学经典诵读"校本课程总结（每学期一份）。

2. "国学经典诵读"校本课程实施案例、论文（每学年一册）。

3. "国学经典诵读"校本课程实施活动剪影（每学年一册）。

4. "国学经典诵读"校本课程课堂教学录像（展示活动录像）。

【案例模块三】基础课程——科学素养："秋叶节"微课程开发

微课程名称：小秋叶大能量

学科（整合）：地理

课程开发者：黄羽佳

课程学时设计：四模块

课程内容简介：

模块一：一叶"看"祖国

模块二：舌尖上的秋叶之茶

模块三：做一群环保有价值的"秋叶"

模块四：秋叶之变形记

课程目标设计：

通过了解我国东北秋天叶子的美丽，引出我国植被类型的分类，让学生们了解祖国的辽阔和富饶美丽。

通过了解秋天茶田繁忙的景象，学习我国茶叶产区的分布，感受茶叶融于水后带给人们味蕾的美好体验。

通过了解玉米秸秆焚烧对环境产生的影响和科学处理秸秆并产生经济效益的过程，让学生们知道玉米秸秆科学处理的重要性，让学生们感受到科学的伟大，意识到保护环境的重要性，要做一名环保小达人。

通过了解"蚕宝宝"吃叶子吐丝产蚕丝到制作成美丽旗袍的变形过程，引出江浙一带丝绸服装享誉世界的原因，体会到秋叶影响着我们生活的方方面面。

课程模块一：一叶"看"祖国

【学习寄语】

无论大千世界多么美丽，都不如祖国山河的美好。秋天的中国大地，更是美不胜收。本节课就是介绍秋天中华大地的美丽景象，学习我国植被类型的分布，感受祖国的幅员辽阔和美丽壮观，提升我们的民族认同感和自豪感。

【学习任务】

学习我国植被类型的分布特点。

【学习建议】

在学习的过程中，学生们要做到心中有中国政区图和地形图，更利于在空间上学习我国的植被类型分布。

【学习步骤】

在中国960万平方公里的陆地上，从南到北，从东到西，秋叶在秋风的轻抚中给祖国大地披上梦幻的色彩。

一、无限风光在北国

北国的秋天，极富有感染力和画面感，不必远行，只需到附近的山上，便能感受到浓浓的秋意。

长白山：秋季几乎是长白山四季中，最适合旅行的季节，充足的假期、适宜的温度、丰富的色彩，站在长白山之巅远眺，斑斓的色彩与蓝天、白云构成一幅醉人的金秋画卷。这正如诗云：霜染秋山万叶红，百里祥云醉心中。

本溪关门山：关门山以枫叶著称，素有"关门归来不看枫"的美誉。沿途的枫叶，黄的、橙的、红的，在阳光的照射下显得格外通透，美得让你感觉像是走进了仙境。

佳木斯：这里有第一缕阳光升起的乌苏镇，有东北最后的两辆蒸汽小火车，有充满浪漫感的一路白桦林，秋日的佳木斯，在东北的一隅，静静绽放光彩。

秋天的东北，秋叶五彩斑斓。东北地处温带季风气候区和温带大陆性气候区，夏热冬寒，植被多为冬季完全落叶的阔叶树。

影响植物分布的主要因素是水分、温度和它们的配合状况，即地球表面的气候条件。我国东部地区，雨量充沛，自南向北，随温度的递减，植被呈带状分布。在我国北部和西部地区，自东向西，从沿海到内陆，降水量递减，出现不同的植被类型。

植被类型分布表

植被类型	特征	分布
热带雨林	全年高温多雨，植物种类特别丰富	台湾、海南、云南
常绿阔叶林	气候炎热、湿润，植物以常绿阔叶树为主	长江流域
落叶阔叶林	夏热冬寒，植物多为冬季完全落叶的阔叶树	华北、东北
针叶林	夏温冬寒，植物主要为杉、松等针叶树	大兴安岭、阿尔泰山
草原	雨少温低，植物多为适应半干旱气候的草本植物	松辽平原、内蒙古高原、黄土高原
荒漠	夏季雨少且空气干燥，冷热变化大，植物种类贫乏，耐旱性强	西北部

【学以致用】

想一想：

中国大约有几个气候带和植被类型？

台湾在哪个气候带和植被类型里面？

练一练：

收集中国其他地区植被类型的秋叶图片？

【案例模块四】基础课程——树叶里的数学世界

微课程名称：树叶里的数学世界

学科（整合）：数学

课程开发者：吴征、陈晓仲怡

课程学时设计：2学时

课程内容简介：

课程模块一：树叶的面积

课程模块二：树叶中的比

课程目标设计：

让学生发现树叶中的数学知识，感受数学知识源于生活，经历测量、计算、探索的过程。使学生了解大自然中隐藏着很多有趣的知识，如果用数学的眼光观察，能发现许多数学现象和问题。要善于观察，勤于思考。

课程模块一：树叶的面积

【学习寄语】

生活中随处可见各种各样的树叶，其实这小小的树叶中也包含很多有趣的数学问题，下面我们先来研究其中的面积问题。

【学习任务】

运用网格法和转化法估算一片树叶的面积，锻炼动手实践的能力，体会转化的思想和方法。

【学习建议】

在学习过程中拿出实物实际测量它的面积，在亲身体验中体会转化的数学思想，感受生活中的数学美。

【学习步骤】

一、网格法

我们需要准备一个标准的方格纸，其中每一小格的面积是1平方厘米。

将树叶平铺在方格纸上，描绘叶子的轮廓。数一数它占了多少个小格子，从而得出这片树叶的面积。当我们数小方格时会发现，并不是所有的小方格都被占了满格，遇到这种情况我们往往按照"大于半格算一格，小于半格不算"的方法记数。最后我们数一数叶子一共占了多少格，就能估算出树叶的面积约为多少平方厘米。

二、转化法

先将绿豆铺满整个树叶，然后不改变这些绿豆的数量，将它们摆成一个长方形，只要测量这个长方形的长和宽，就能算出长方形的面积，也就推测出了树叶的面积。这样我们就把树叶这种不规则图形转化为长方形这样的规则图形，便于计算。

这两种方法都蕴含着一个重要的数学思想——转化。转化思想是把一个实际问题通过某种转化归结为一个数学问题，将未知的问题转化为已知的问题，将复杂的问题转化为简单的问题，将抽象的问题转化为具体的方法。它是解决数学问题的基本思路和途径之一，是一种重要的思想方法。

【学以致用】

想一想：

你还能找到其他计算树叶面积的方法吗？

练一练：

已知每一个小方格面积为 1 平方厘米，算一算这片叶子面积约为多少平方厘米？

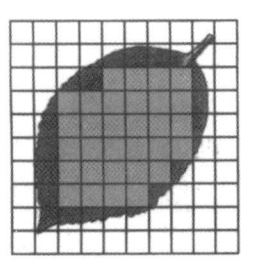

【案例模块五】拓展课程——学科拓展：英语口语

The Beauty of Autumn Leaves

微课程名称：The Beauty of Autumn Leaves

学科：英语

课程开发者：时间

课程学时设计：2 学时

课程内容简介：

一、秋叶与诗歌（一）

二、秋叶与诗歌（二）

模块一：I'm a Fallen Leaf

【学习寄语】

当树叶遇上英文，体会其中的美和韵味。

【学习任务】

朗读诗歌，体会英文诗歌的美。

【学习建议】

通过欣赏和朗读诗歌，感受英文诗歌的美。

【学习步骤】

New Words:

fallen *adj.* 落下的　fairy *n.* 精灵　curtain *n.* 窗帘　dusk *n.* 黄昏　twig *n.* 树枝　incite *n.* 激励　petal *n.* 花瓣　ironical *adj.* 讽刺的　disdainful *adj.* 轻蔑的　scornfully *adv.* 轻蔑地　approach *v.* 接近　wander *v.* 徘徊

Poem:

I'm a Fallen Leaf

我是一片落叶

By Xi-mo Tr.

East Sea Fairy Autumn is drawing the curtain

秋渐深

Dark green is mixed up with dusk

墨绿夹杂着黄昏

After leaving the twig

脱离枝干之后

I'm incited once again by a petal of ironical smile

再次被一瓣冷笑挑唆

How disdainful

多么不屑

Winter, also laughing scornfully

冬也轻蔑地笑

Is approaching the wandering body

逼近漂泊的身子

Unable to find my own root

无法寻觅到自己的根

Close to my hometown, but is called an alien

走近故乡又被唤成异乡人

【学以致用】

想一想：

What does the writer think of a fallen leaf?

Do you think whether the fallen leaf has a good result? Why?

【案例模块六】创新课程——学科拓展：运动与健康

秋之韵——创意笔筒

微课程名称：创意笔筒

学科（整合）：美术与信息技术

课程开发者：王蕾　丛妍　金晓莹

课程学时设计：一学时40分钟，微课程2学时

课程内容简介：

秋叶静美，如诗如画，让孩子们在绚丽多姿的大自然中寻找美、发现美，用秋叶装饰笔筒，发挥想象，创作一款独具个性的笔筒，让学生树立自信，秀出更加完美的自我。

课程目标设计：

1. 通过讨论分析笔筒的各种功能，设计一款多功能笔筒，并绘制三视图。

2. 使用3Done软件进行创意笔筒的设计与制作，培养学生的创造思维和想象能力。

3. 小组合作完成创作，培养学生团结协作的能力，增强学生热爱大自然的情感。

课程模块一：秋之韵——创意笔筒

【学习寄语】

将秋之韵与笔筒结合，制作寓意深刻、实用耐用的笔筒。

【学习任务】

运用3Done建模软件，制作笔筒模型。

【学习建议】

在三视图的基础上合理运用 3Done 软件进行建模,并将秋之韵的元素合理地融入笔筒的设计之中。

【学习步骤】

一、制作笔筒底座

1. 运用"草图绘制"工具绘制一个 150×100×25 的六面体,作为底座。

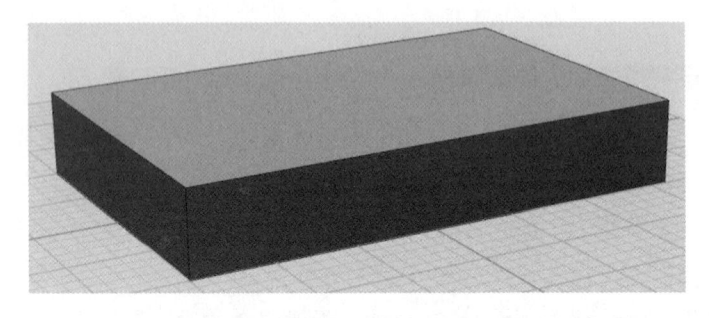

2. 将六面体的四个棱设为圆角,圆角度数为 25 度。同时将底边设为圆角度数为 3 度的圆角。

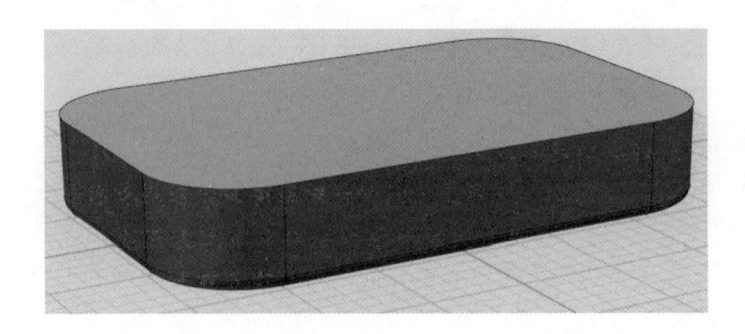

3. 将底座抽壳,抽壳厚度为 7 mm;在底座的前端输入文字"长春市第一〇三中学",后端输入文字"2019 首届秋叶节"。

4. 在底座的内部加入秋叶图片做成浮雕，进行装饰。

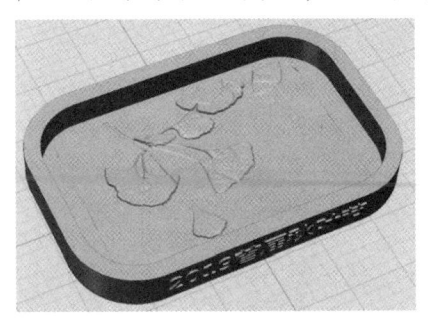

二、笔筒建模

1. 制作一个半径为 25 mm、高为 80 mm 的圆柱体；再制作一个半径为 25 mm、边数为 6、高为 110 mm 的六棱柱体，调整方向，使它与圆柱体相切。

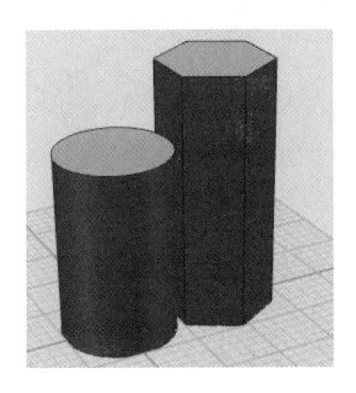

2. 将六棱柱体设成弧度为 5 mm 的圆角，并将圆柱体和六棱柱体进行抽壳，厚度为 4 mm。

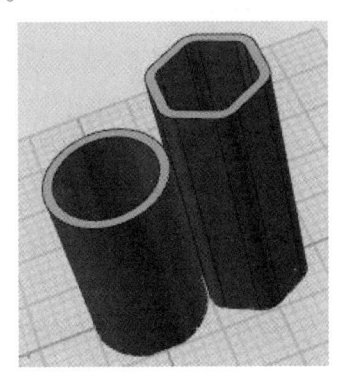

3.对圆柱体进行浮雕设置,在六棱柱上加上关于秋叶的古诗《辋川二十咏·文杏馆》(唐·王维)。

4.将作品与底座组合,运用移动工具将作品组合。

【学以致用】

想一想:

在秋的意境下,怎样能将心中所想所思有机地融合在一起,创作出既有意境又能体现实用性的笔筒作品?

教育创新呼唤课堂创新,改革让课堂充满活力。一代代"一○三"人以"课堂革命,舍我其谁"的决心,筚路蓝缕,薪火相传,让南关的生态课堂焕发出勃勃生机,改革创新的星星之火在"一○三"的课堂上终成燎原之势。近年来,"一○三"把"追求卓越"作为提高教育质量的手段,将关注点和着力点放在卓越课堂的打造上,以课堂改革撬动教育的卓越发展。"一○三"以构建多元、开放、包容的卓越课堂模式为抓手,以课堂学习、设计、案例评价体系建设为突破口,提出"以生为本,减负增效,打造卓越课堂,促进学生发展"的课堂建设基本目标。在不断地探索实施中通过转变教师教学方式和学生学习方式,建立师生学习共同体,优化课堂形态,全面提高课堂教学效率和育人质量。

第三章
卓越课堂教学模式

课堂教学是学校实现教育目的、完成教育任务的重要环节，是发展学生智慧潜能、陶冶学生道德情操、达到学生个体最佳发展的活动。胡综的《宾友目》说："英才卓越，超逾伦匹。""卓越"意为非常优秀，超出一般。致力卓越，不仅是一种人生智慧，一种进取心态，更是一种精神追求。于教育者而言，卓越是一种努力的结果，是一个可以实现的目标，是一种将平凡的课堂教学做到细致与极致之后所达到的理想境界。

　　"卓越课堂教学"是坚持夯实立德树人、以人为本、能力为重、注重学生全面发展、实现"五育"并举的育人体系；体现着与时俱进的教育理念，形成师生共同进步与发展的教学生命共同体；彰显多元、开放、包容的课堂教学文化；最大限度地优化教学环境、教学内容、教学方法与手段，形成最优化的课堂形态；教学过程重视生命成长的卓越性，是一〇三中学"培养卓越人才"的教学，是一种超越平庸与一般、追求出色与更好的教学，是与卓越教育紧密结合的教学。其根本目的是在提升课堂容量、质量、效率的同时，最大限度地满足学生的成长需求，激发学生的学习动机，发展学生思维，培养学生核心素养，全面提升育人质量。

一、"卓越课堂教学模式"提出背景

（一）响应时代召唤

　　习总书记说："天下之治在人才"，对培养人才提出了新的要求。

（2018年10月18日光明日报《平"语"近人——习近平总书记用典》）新时代的发展需要"新人才"，人才是实现民族振兴、赢得国际竞争主动的战略资源。加快建设人才强国战略的实施，努力形成人人渴望成才、人人努力成才、人人皆可成才、人人尽展其才的良好局面。（2017年10月18日《中国共产党第十九次全国代表大会报告》）"党之大计"的核心就是培养中国特色社会主义的建设者和接班人，明确了人才培养规格及培养方向。（2017年9月8日，陈宝生在《人民日报》发表的《努力办好人民满意的教育》）

时代赋予了师生更高的使命——"把质量作为教育的生命线，坚持回归常识、回归本分、回归初心、回归梦想""深化基础教育人才培养模式改革，掀起'课堂革命'，努力培养学生的创新精神和实践能力"。（2017年9月8日，陈宝生在《人民日报》发表的《努力办好人民满意的教育》）"围绕凝聚人心、完善人格、开发人力、培育人才、造福人民的工作目标，培养德智体美劳全面发展的社会主义建设者和接班人。"（2019年6月《关于深化教育教学改革全面提高义务教育质量的意见》）深化新课程改革的突破点在课堂，提升育人质量的主阵地在课堂，推进育人模式的创新必然要聚焦课堂教学改革，只有抓住课堂这一核心地带，教育改革才可能深化。

（二）实际教学需求

百年大计，教育为本；教育大计，教师为本。教师承担着传播知识、传播思想、传播真理的历史使命，肩负着塑造灵魂、塑造生命、塑造人的时代重任，是教育发展的第一资源，是国家富强、民族振兴、人民幸福的重要基石。党的十八大以来，以习近平同志为核心的党中央将教师队伍建设摆在突出位置。特级教师邢益宝认为："学生的发展，就是教师的成功，教师的发展，才是学校的成功。"

课堂教学是实现教师专业成长的出发点与落脚点，只有课堂效率提升了才能提升教育教学质量，才能引领学校发展。我校在实践中不断总结并完善，进而归纳出"学—导—研—习—拓"的教学模式，目的是为教师提供一个可以借鉴的、有遵循的课堂教学基本环节，为教师提供一种思想方法和有章可循的教学策略。它并不是教师教学设计的必然环节，它是动态的、灵活的，可以根据具体的学情与教学内容，有侧重地进行选择与调节。在遵循中进行学习、提升和创造。避免了教学内容与教学环节设置的随意性，有效地保证了课堂教学的质量。

（三）学校发展的必然

为了使学校的发展更加契合培养未来人才的需求，我校始终坚持深入贯彻落实和更新教育理念，不断探索，在努力践行中深化课堂教学改革。通过发现教学中存在的共性问题——分析问题产生的原因——个别实验探索——形成问题解决的方案——教学管理团队进行顶层设计——普及推广——解决制约课堂教学瓶颈问题的总体思路和策略，实施课堂教学改革，梳理并形成学校课堂教学模式，提升教育教学质量，实现为民族育才的办学目标。

我校的课堂教学探索经历了三个阶段：

1. 第一阶段：有效课堂教学（2001—2010年）

在新课程改革的初期，我们面临着三个问题：教学思想与理念的变革，教学内容与行为的变革，教学方式与手段的变革。由此，学校提出了"有效课堂教学"的改革方略。通过集中培训、研讨交流等方式，使"一切为了学生，为了学生的一切"的新课程理念根植于教师内心；通过落实"两个规范"——即规范课堂教学礼仪、规范课堂基本程序，进行了"名师示范课堂""常态优质课堂教学研讨"等"关注教学细节"的模式探索；围绕有效提问，进行了"自主、合作、探究"的教学尝试。适应了教学需求，提升了教师的教学理念及教学水平，也提高了课堂教学的实效。为我校进一步进行教育教学改革打下了坚实基础。

2. 第二阶段：高效课堂教学（2011—2014年）

2010年《国家中长期教育改革和发展纲要》指出：要实现义务教育均衡发展，不断提高义务教育质量。基于均衡发展、质量提高两项目标，我校进行了高效课堂教学模式的探索。

以"有效提问——精心设问——高效课堂——提升质量"为课改思路，以"有效提问、精心设问"的深入研究为切入点，以"研究学生学习"为主线。以"课堂问题化，问题课题化，课题团队化，团队常研化"为实施路径。建构了"一个思想"（即先学后教、少教多思、学思结合）、"二个平台"（即问题追问平台——大课题引领，小课题攻破；项目攻坚平台——"学案导学"），以培养学生的"四种能力"（自主学习能力、质疑提升能力、小组合作能力、迁移拓展能力）为目标导向，规范课堂教学的五个路径节点（即导、学、研、习、拓）的高效课堂教学模式探索。由骨干教师或研发团队针对教学实践中遇到的盲点、热点、难点、疑点四个问题开展"关注教育细节"为主题的教改尝试。进行了"名师高徒"研讨课、"微型论坛"、上海华东师大培训班、小课题研究等多方面的学习培训与实践探索。在教学实施中建立了互相尊重、智慧共享的课堂，全面启动人文课堂工程，初步实现了教师的教学方式与学生的学习方式的新型转变。为我校深化课堂教学改革提供了良好的理论基础与实践条件。

　　3.第三阶段：生态理念下高效课堂教学模式（2015年——至今）

　　习近平总书记在党的十九大报告提到，培养未来人才核心素养，要让"每一个学生受到充分的关注"，让"学生的学习困难能及时得到回应"，让学生的"学习权利得到充分保障"。要在课堂中以"尊重、唤醒、激励生命"（邓溪：《创建生态课堂》，《文学教育·中旬版》2014年第09期）为中心，"把课堂还给学生，让课堂焕发出生命的活力"［《新课程标准》（2011年版）］也体现出建构生态课堂的理念与要求。努力让每个孩子都能享有公平而有质量的教育。（2017年10月18日《中国共产党第十九次全国代表大会报告》）课堂改革是推进教育公平的最后一公里，只有在课堂上每一个学生受到充分的关注，学生的学习困难能及时得到回应，他们的学习权利得到充分保障，这才是真正的教育公平。（《中国教师报》2019年4月24日第1版）

　　恰逢南关区生态教学模式创建工程提出，我校在高效课堂教学模式研究的基础上，以生态理念为指导，进行了遵循生态规律、彰显生态精神的课堂教学模式的研究即生态理念下高效课堂教学模式。强调"两个尊重"即尊重学生成长规律和尊重知识的生成规律，注重培养学生的学习兴趣和学科思维。通过闪亮"课前三分钟"、拨亮"任务单"、点亮"学习目标"、燃亮"合作学习"等教学策略实施，整体规划，分层次、分阶段实施。在课堂教学中更加明确教学指导思想，营造教学环境，优化教学策略，进一步完善教学评价。

2018年，学校总结半个世纪以来的探索与发展，形成了"卓越教育"的文化体系。进而在生态文明全球化的大背景下，以"人—社会—自然"生态系统的和谐与协调为前提和基础，我校卓越课堂教学模式应运而生。

二、"卓越课堂教学"内涵解读

从课堂教与学目标而言：体现以"卓尔不凡，越而胜己"卓越教育理念为目标，引领高效生态的学习行为；更加注重保护学生的好奇心、想象力、求知欲，激发学习兴趣，提高思维含量及学习能力。强调创造力、合作力、持久力、表达力、学习力的卓越人才的培养。

从课堂教与学的过程而言：卓越课堂教学追求的是"不断进步的教学，是自我超越自我的教学"，这里的"自我"不仅是老师，也包括学生，也就是说通过一节课的教学，学生的学习力和教师的教学力在这里都得到了提升，学生和老师都有新的收获，新的进步。使师生通过教学不断实现自我超越、自我发展、自我提升、自我完善。

从课堂教与学的关系而言：卓越课堂教学应被看作是师生人生中一段重要的生命经历，是他们生命的、有意义的构成部分，要把个体生命发展的主动权还给学生。这也是为了师生"过一种幸福完整的教育生活"。

从课堂教与学的效果而言：采用积极有效的鼓励性教学评价。以实现以评促教，以学定教。不仅是要让教学变得效果更好、效用更高，而且要让教学变得更有人性、更有意义、更有境界、更有内涵、更有品质。

三、理念与追求

在对教学的不懈实践与探索中，我校一直秉持"先学后教、少教多思、学思结合、卓越发展"的教学理念，关注学生的兴趣、思维、能力，致力于追求卓越课堂教学。

具体地说，我们的卓越课堂教学追求的是有温度的生命性教学、有广度的开放性教学、有力度的互动性教学、有深度的生成性教学、有高度的卓越性教学。

（一）有温度的生命性教学

卓越课堂是助力生命成长、培育人性的殿堂。

学生，不是简单的知识容器，也不是有待加工的学习零件。卓越课堂教学，就是想学生所想，想学生所疑，想学生所难，想学生所错，想学生所望，想学生所乐，从而以高度娴熟的教育智慧和机智，灵活自如地带领学生在知识的海洋中遨游，用教师的智慧启迪学生的智慧，用教师的情感激发学生的情感，用教师的意志调节学生的意志，用教师的个性影响学生的个性，用教师的人格塑造学生的人格，用教师的心灵呼应学生的心灵，用教师的灵魂塑造学生的灵魂，用教师的生命激情去点燃学生的激情。

尊重学生、接纳学生、重视学生、相信学生，让学生的个体生命在舒适、温馨、安全、快乐、幸福的教学氛围与文化中，在交流、互动中绽放光彩。

总之，有温度的课堂就是充满善意和人性的课堂。在这样的课堂中，学生能积极主动地参与自我探究、小组合作、交流分享；能够消除沟通交流的心理障碍、无所顾忌地表达自己的见解，敢于尝试，敢于创新；使学生真切感受到学习的乐趣和生命的意义。

（二）有广度的开放性教学

一是教学内容的开放。

把教育教学的内容从书本里、从课堂中引向学生五彩缤纷的生活世界，注意联系学生已有的经验世界、学生熟悉的现实世界和想象中的未来世界，整合、拓展、深化学生对生活的认识和体验，使实践和生活成为学生个人发展的源头活水。

生活是知识的源头活水，要想把知识学活就不能不联系生活，课堂教学不仅要有学科味，体现学科特有的文化和特征；也要有生活味，反映学科知识与生活的有机联系，知行合一，见诸实践，学以润身，知识切己。

第三次国际数学和科学研究（TIMSS）指出，学生对科学的消极态度随着年纪的增加而增加，造成这一结果的原因，除了被动的教学方法，主要因为课程内容与生活无关，现实生活是教学的源泉，是科学世界的根基，只有联系现实生活的教学，才能使人真正体验和理解知识的意义和价值。

另外课堂教学的广度还意味着教师不能固守学科壁垒，要打开学科的边界走向综合，让学生在综合地带、边缘地带进行知识探索。

二是主体地位的开放。

学生是课堂的主人，应该在教师的引导下，积极主动地参与学习。这样，才能增强学生的学习兴趣和自信心，发展学生的思维，形成个性化的观点和见解。

（三）有力度的互动性教学

叶澜教授的"新基础教育"理论认为：教学过程是师生为实现教学任务和目的，围绕教学内容，通过共同参与、对话、沟通和合作等一系列活动，产生交互影响，以动态生成的方式推动教学活动的过程。

卓越课堂是一种师生之间、生生之间多维互动的课堂，是充满活力的课堂，是由教师的感召力、学科的魅力、学生的潜力共同组成的。挖掘学科知识的内在魅力即知识的核心本质，体会学科的知识的内在情趣；让学生对知识本身发生兴趣，以此激发学生学习的内在动力；让每个学生都能把自己的潜能充分激发和展示出来；让每个学生都进行深度的思考，这是课堂教学的最高境界。对此我们强调以下三点：

一是挖掘学生的潜力，能学的坚持让学生自己学，有所教有所不教。

二是培养学生的学习力，注重培养学生学会学习，让学生对学习保持兴趣。

三是发挥学生的能力，展示学生的智慧，课堂一定要让学生出彩，出彩一定要出在学生身上。

在卓越课堂中，教学是持续生成与转化、意义不断建构与提升的过程。教学是教与学的交往、互动，师生双方相互交流、相互沟通、相互启发、相互补充，分享彼此的思考、经验和知识，交流彼此的情感、体验与观念，丰富教学内容，求得新的发现，从而达到共识、共享、共进，彼此形成师生"学习共同体"，实现教学相长和共同发展。这样教学与课程的相互转化，相互促进，有机融为一体，课程也因此变成一种动态的生长性的生态系统和完整文化。

（四）有深度的生成性教学

从学科知识角度讲，有深度的教与学，指的是体现和反映学科本质的教学。按照成向荣先生的理解，所谓学科的本质应包含以下三个方面的内容：一是学科的本质属性，二是学科的核心任务，三是学科的教学方式。用学科特有的精神和文化去打造学生的学科素养，用科学特有的魅力和美感去激发学生的学习动力，这就是课堂教学的深度。

从育人的角度讲，有深度的教与学，指的是超越知识表层结构、深耕知识维度的教学。深耕维度则是挖掘蕴含在知识中的思维方式和价值取向，它揭示的是知识的深层意义，即知识背后的智慧意义、文化意义和价值态度，反映的是人的精神世界、价值世界。

从教师的角度讲，有深度的教与学，指的是教师对教材钻得深、研得透的教学。教师只有钻得深研得透，才能深入浅出，教到点子上。

从学生的角度讲，有深度的教与学，指向混合式的深度学习，学生在"自主合作探究"学习方式中既沐浴畅游在知识的海洋中，又乐在学习活动当中。

总之，所谓深度的教与学，其本质是思维的深度。著名大教育家杜威说过："学习就是要学会思维。"

（五）有高度的卓越性教学

卓越教学，以立德树人为根本目标。教学的最高目的是培养人，是要促进生命的生长。人的生成、成长和发展是教学的真正落脚点。

求知的目的是对人的关切，它本身就是为了了解人所在的处境，拓展人的精神世界，丰富人的内在品质。所以必须将知识的表层与人的生活和人本身联系起来，将知识回归到人身上，回归到人的德行与精神世界的建构上，知识才能够进入深层结构，即意义结构。人也才能同时凭借知识的意义而升华生命的意义。

从教学实践的角度来讲，要充分挖掘学科知识特有的道德教育资源；要进入学生的生活和行为之中，课堂教学要转化为学生课外的成长行为，延伸到他们的日常生活当中，并逐步变成他们的成长自觉；学科教学要进入学生道德和心灵之中。

总之，卓越课堂不是一般意义上的有效收获，而是一种让学生有生成、有成长、有发展、有顿悟、有感悟、有生产（创新）、有价值、有意义、有尊严和有幸福感的课堂。

综上所述，我们追求有广度的开放性教学，实现知行合一，走向学科综合；追求有力度的互动性教学，最大限度地挖掘学生潜力，使学生的学习力得到充分发挥；追求有深度的生成性教学，在知识的交流、思维的碰撞中挖掘知识本质，深耕知识维度；追求有高度的卓越性教学，拓展精神世界的同时丰富并提升学生的内在品质。

四、流程与策略

（一）课堂教学的基本程序

紧扣卓越教育的理念，卓越课堂教学更加注重教育与生命、知识与品行、能力与创新的融合。坚持"先学后教，少教多思，学思结合，快乐学习"的教学思想。科学实施学、导、研、习、拓的教学参考流程，课上要帮助学生理清重难点、知识体系，引导学生主动思考、积极提问、自主探究。深化"兴趣、思维、表达"三个关注点落实，通过闪亮"课前三分钟"、拨亮"任务单"、点亮"学习目标"、燃亮"合作学习"等教学策略的实施，形成核心问题导学、重点问题先学、难点问题合作学、质疑问题研究学的"问题化"学习思路，提升课堂教学效率与质量。课堂教学的基本程序为：一是课前三分钟微课程；二是学习目标呈现与解读；三是按流程实施课堂教学；四是课堂梳理与小结。

卓越课堂教学模式参考流程：

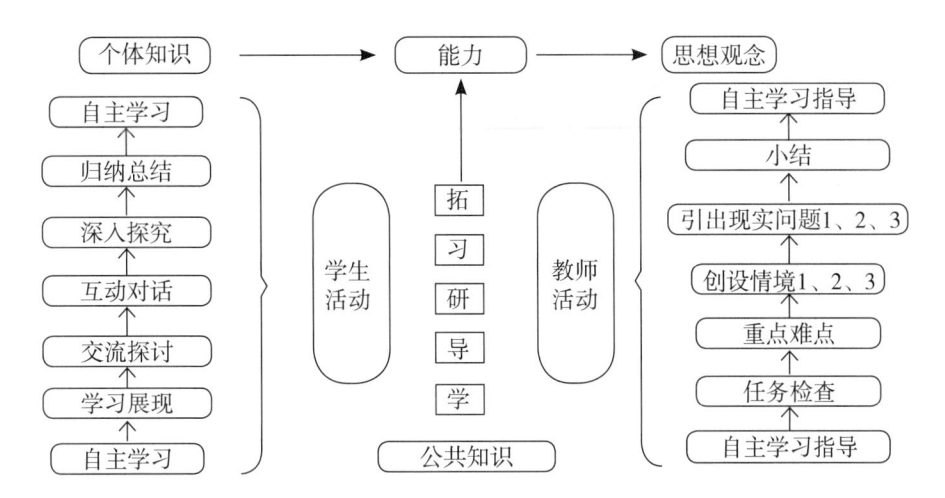

```
个体知识 → 能力 → 思想观念

自主学习              ┐         ┌ 自主学习指导
归纳总结              │         │ 小结
深入探究        学生   拓       教师  引出现实问题1、2、3
互动对话        活动   习 研 导 学  活动  创设情境1、2、3
交流探讨              │         │ 重点难点
学习展现              │         │ 任务检查
自主学习              ┘         └ 自主学习指导
                     公共知识
```

卓越课堂教学模式流程解读：

学（先学）	学文本	学方法	重任务	学有质疑
导（激导）	导兴趣	导思维	重核心	导有指向
研（共研）	研困惑	研疑难	重合作	研有呈现
习（深习）	习知识	习技能	重创新	习有成效
拓（拓展）	拓视野	拓能力	重迁移	拓有提升
|	|	|	|
概括	内容	方法	目标

1. "学"即学生先学

"先学"就是让学生做好课前对课程文本、资料、已有知识经验中关联的知识技能及原理、规律、使用方法等的提前预习。目的是为了帮助学生形成对本节课的初步思考，迁移已有知识经验。

（1）目标引领，任务驱动。

带着目的学；带着任务学；带着质疑学。

"目的"即学习知识的核心目的；"任务"即教师所布置的预习任务；"质疑"即学习中带着质疑进课堂。

它是带着目标与问题进行自主学习，在学习中学习新知识与技能，在思索中生成新的问题。做好进一步学习的教学铺垫。

（2）灵活应用，问题导学。

这个先学可以是课前，也可以是课上；可以是自主看书，也可以是教师引领。重视任务的设计与布置，课堂实施中围绕"学习任务单"实现核心问题导学、重点问题先学的学习思路与策略。

2."导"即核心激趣

导兴趣：学习兴趣是一个人倾向于认识、研究获得某种知识的心理特征，是可以推动人们求知的一种内在力量。课堂兴趣表现为被知识的核心力量所吸引。通过有趣的一堂课对学科产生兴趣激发志趣（高尚的理想和远大的奋斗目标相结合）。

在课堂实施中，导兴趣就是趣导、激导，采用不同的方法导出本节学习内容，激发学生的学习兴趣与主动学习动机。

导思维：思维心理结构中的"顶点"是一个监控成分，其实质就是思维活动中的自我意识，表现为经教师引导探索知识演变过程，因此要重视学生"知其然，知其所以然"能力的培养，进而提升格物致知的最高境界。

在课堂实施中，导思维就是基于学科核心素养的技能、方法、思维的引导，在整个学习过程中，要在适当的时机加以引发诱导。

重视引导学生对"核心问题"的思考，为课堂实施中核心问题解决做好铺垫，为落实学习目标做好基本准备。

3."研"即师生共研

质疑探究，释疑解难。聚焦学生"先学"过程中产生的本原性问题设计成环环相扣的二到三个问题清单，形成学习任务。课堂实施中充分让学生自主探究、协同学习，将学生的思维逐步引向深入，从而提升学生深度学习的能力，提升学科核心素养的教学模式。学科教学中的本原性问题，意指在教学中基于学科知识的"根源"或"基本构成"作为思考的第一问题。

采用独立和协同的学习机制，利用小组合作等形式进行混合式的深度学习，课堂文化则主张"支持和激励"的学习氛围。

小组合作学习基本步骤：一是同组互助。解决自主学习中的疑难问题。

二是组间交流。解决小组学习中提出的疑难问题。三是成果汇报。一名同学汇报，其他成员补充答案。四是师生质疑、释疑。学生对重、难点内容理解不透彻或有其他疑难，师生可进行质疑、启发、讲解，引导学生归纳出规律、方法、技巧。

4."习"即深度学习

举一反三，学会应用。注重知识的习得过程，注重知识的来龙去脉。通过多种方式的练习，使学生扎实有效地掌握知识；通过对当堂知识的变式练习，形成学生学会运用知识去解决实际问题的能力。

5."拓"即拓深延展

知识迁移，能力提升。教师引领与其他知识相联系，进行适宜的迁移拓展，使学生的思维得到发展，能力得到提升。引导学生在更高的站位把握各知识点之间的内在联系，更主要的是，让学生通过走进知识中，尝试思考，解决相应的问题，以此锻炼和提升学生发现问题、解决问题的能力，使学生在这一知识点的理解上、技能方法的运用上达到卓越。

（1）联系实际解决现实生活，拓宽知识体系。

（2）升华学生情感与价值观。

（3）对学科核心本质挖掘力、创新力的培养。

（二）卓越课堂教学策略

1. 课前三分钟

是扎实推进学校"6+2"培养项目落实的重要举措，为学生创设讲话的机会与空间，养成用"事实"说话的思维习惯，将培养学生"能做会讲"作为衡量基本教学目标有效达成的标准之一。如数学学科的三分钟说题、语文学科的课前三分钟演讲、名著解析阅读、英语学科的 fast reading、政治学科的时事播报、物理学科的名人故事、趣味实验、美术学科的艺术鉴赏等 14 个版块。

2. 学习目标化

学习目标是预期学生将要达到的学习结果，是行为和内容的统一体。只要是目标，一定是既要有学生将要学习的内容，也要有相应的学生学习的行为。从这个意义上说，单独的学习内容、活动、知识点都不是目标，单独的行为也不构成目标。

同时学习目标具有以下特征：

（1）应该能够清晰地看到学生达成目标后的状态。

（2）体现某一学段学科学习的主要特征。

（3）有达成基于文本的目标所需要的特定课堂条件。

（4）能够将为达成目标所需的特定条件与学生的学习缺失状态紧密联系起来。

（5）学习目标应该既有学习内容又有学习行为，单独的内容、活动、知识点等不是目标，单独的行为也不是目标。

3.问题驱动式

为提升学生课堂思维含量，为学生提出质疑、释疑搭建环境，在课堂教学中重点进行问题化学习的探索与实施。即核心问题导入：以情境设置为切入点，在任务驱动、兴趣激发中导入新课。重点问题的提出：以学案、学习任务单为载体，在自主先学中学会思考问题、发现问题。难点问题的探究：以小组学习为载体，在合作中学会探究问题、产生怀疑。质疑问题的共研：以重点、难点问题的深入探究为核心，在师生共议、共研中实现教学意图。形成核心问题导学——重点问题先学——难点问题合作学——质疑问题研究学——解决问题目标达成的问题线。同时关注问题责任（有价值）、有依据阐述（有理有据表达）两个问题化学习的关注点。

4.学习任务单

为了实现学习目标而为学生所布置的或自主学习或合作学习或探究学习的任务。围绕解决或研讨什么任务、怎么完成任务、对任务完成结果或预期的期待、结果的展示方式四个维度。之所以强调是任务单，是为了改变口头布置学习任务的习惯，将学习任务置于问题化学习的重要位置。任务单以纸质或PPT形式呈现。

学习任务单有明确的目标导向性；任务单必须由浅入深，它具有有层次性；面对全体学生横向来说，它具有差异性；引导全体学生自主参与学习，它具有自主性和合作性；在完成学习任务过程中，教师要给学生提供必要的工具、方法、资源，它具有指导性；任务单是一单两用，既是支架，又是反馈学生学习信息的依据，它具有反馈性。

5.学习合作化

新时代的人才应该学会合作。有句口号叫"我为人人，人人为我"，这八个字道出了个人与社会之间密不可分的关系，说明个人不可能离开集体而独立生存与生活。古语云："独学而无友，则孤陋而寡闻"，合作学习能够带动个体知识的增长，借助个体之间不同的知识结构信息，提升共同体整体知识基础。合作学习的价值在于形成一种学习文化，让每个人都为增进集体理解而努力。

七年级新生入学军训期间将首次建立基于互赖关系的成长共同体，一个月以后依次建立行政小组、学习小组、科研小组，实现班级常规管理、学习互助、科研探索及社会服务的"三驾马车"。

同时，也要明确进行小组合作学习关注以下几点：

布置任务明细；明确合作要求；注重合作指导；掌握合作方法；用好合作评价。合作方式的多元化：如生生合作、师生合作、组组合作、前后桌合作、校区间合作等等。

五、课堂评价

卓越课堂教学模式强调教学是教与学的交往、互动，是师生双方相互交流、沟通、启发、补充的过程中，教师与学生分享思考的经验和知识；交流彼此的情感、体验与观念，从而达成共识、共享、共进；形成师生"学习共同体"，教学相长，共同发展。重点体现以学为主的教学过程，即主要依靠学生的自主研究、探索、发现来完成学习任务。通过学生的听课率、参与率、达成率实现课堂教学显性效果的评价。在教学流程的使用上可以根据课型选择几个环节进行，可以使教师进行多样、灵活、生动的教学设计。

（一）过程性评价

1. 对课堂教学过程的评价

由教务处制定《课堂优化积分评分标准》《课堂优化积分记录》《课堂优化流程制度》及关于课堂优化的实施方案和流程、卷面积分的操作流程、考试积分的操作流程、点测活动、学科竞赛活动的操作流程、组织管理及奖励措施等；评价结果将在"自主管理，自觉成长"班级公示板中公示一周。学生通过自己的全程参与，学会反思和判断自己的进步与努力。为教师最大限度地提供学生学习与发展的重要信息，有助于教师形成对学生的准确预期，方便教师检查学生学习的过程和结果，更是将评价与教育、教学融合在一起，与课程和学生的发展保持一致，提高了评价的效能。

2. 对教学常规管理的评价

实施教学常规管理四反馈制。

一是实施学生作业周反馈制。

以成长共同体为单位，由专人对学生作业进行周检查，并在教务处周例会上进行反馈。作为教学管理团队课堂外观察的一项内容，进行班级捆绑评价。

二是教案检查月反馈制。

督促与检查教师教学理念、教学业务水平在教学中的实施情况，发挥教案书写的有效性与实效性。以月为单位由三个年级的教务主任进行检查，并向主管校长进行月反馈。教案的质量与效果与优秀办公室评比相结合。

三是实施学生参与教学过程管理反馈制。

将"作业公示单"与学生"作业上交与完成情况统计表"相结合，教务处派专人监督、检查及汇总。由学生根据教师上课情况填写的"教师串代课"进行统计工作。

四是常规检查的班主任反馈制。

以上工作将学校常规管理工作及时通过班主任群、班主任会进行反馈。包括"作业上交与完成情况统计表"上交情况，"教师串代课"统计情况，学生出勤填写情况，课堂优化单的上交、张贴、上传情况以及检查结果进行反馈，作为优秀班集体评价标准之一。

（二）结果性评价

打造"数据驱动"环境，通过课堂诊断、课外观察、课堂优化等方式，基于"云阅卷"系统中的校级报告、教研组报告、班级报告、学生报告四个维度的结果性学业成绩与分析的数据系统，提升数据采集和应用的科学性，动态地了解学生需求，科学地调整教学策略。

六、教学案例

《变色龙》教学实录

一、教学目标

1.知识与技能：结合课前微课掌握变色龙的字词和文学常识，领会文章主题主旨。

2.过程与方法：通过电子书包形式，体会人物性格特点，把握文字内容中的细节描写，领会作者寄寓在文章中的深刻思想内涵。

3.情感态度价值观：通过视频介绍，理解契诃夫百年不朽的原因。

二、教学重点

通过电子书包形式，进行文本批注和推屏展示解读文本，体会人物形象。

三、教学难点

领会契诃夫讽刺艺术的魅力。

四、教学手段

电子书包。

五、教学过程

（一）兴趣导入

播放变色龙的视频，体会变色龙变色的特点。

师：同学们，刚才视频中播放的动物你们知道是什么吗？

生：（齐声）变色龙！

师：那么变色龙有什么特点？

生：可以随着环境的改变而变色。

师：自然界中的变色龙有变色的特点，文学家的眼中变色龙却有新的含义，你们知道是什么吗？

生1：变色龙在文章中应该是讽刺那些阿谀奉承、见风使舵的人。

生2：也指那些见人说人话、见鬼说鬼话的人。（全体大笑）

师：同学们理解得很好，你们知道还有哪些词是利用动物来形容人的吗？

生1：铁公鸡，形容那些小气的吝啬鬼。

生2：地头蛇，用来指一些地方的恶势力。

生3：纸老虎，说的是那些看着非常厉害其实内心软弱的人。

……

师：大家说得很好，词汇积累很丰富，看来你们在阅读的时候不仅能掌握文字的字面含义，也能领会到文字背后的含义。

今天我们一起来学习一篇文章，看看像变色龙一样的人是什么样的。

（二）内容探究

师：通过微课的学习，我们了解了文章的大致内容和人物，下面通过电子书包答题模式来完成几道预习题，看一看大家的掌握情况。

（电子书包出示内容，学生利用电子书包答题）

师：通过答题统计，发现咱们班同学对谁是中心人物的理解上有一些分歧，请大家谈谈你们的看法。

生1：我认为是奥楚蔑洛夫，因为他就是一个随着环境而改变自己态度的人。

生2：我认为是赫留金，因为文章中描写他的笔墨比较多，也算是中心人物。

生3：我觉得中心人物不止一个。

……

师：大家记住，确定文章的中心人物一定要结合文章的主旨，标题有的时候就会给我们一些暗示，那你认为文章的变色龙究竟是谁呢？

生：（齐声）奥楚蔑洛夫。

师：看来大家是很有智慧的。

师：既然文章标题叫变色龙，那么奥楚蔑洛夫作为变色龙在文中一共经历了多少次变化呢？

生：六次。

师：具体说说。

生：第一次判定（6—8段）：弄死狗，罚狗的主人。作出判定的根据——不知是"谁家的狗"。第二次判定（9—13段）：狗是无辜的；原告是"敲竹杠"。作出判定的根据——有人说"这好像"是"将军家的狗"。

生2：第三次判定（14—17段）：狗是"下贱胚子"；"原告"是受害者，要教训狗的主人。作出判定的根据——巡警说"这不是将军家里的狗"。第四次判定（18—20段）：狗是娇贵的动物，用自己的名义派人把狗送到将军家去；"原告"受斥责。作出判定的根据——有人说："没错儿，将军家的狗！"

生3：第五次判定（21—23段）："这是条野狗""弄死算了"。作出判定的根据——将军家的厨师说"我们那儿从来没有这样的狗"。第六次判定（24—27段）：小狗"怪伶俐的"，咬人咬得好，"好一条小狗"。作出判定的根据——厨师说"这是将军的哥哥的狗"。

师：说得非常全面，六次的变化，真的可谓是变色龙！那么大家觉得奥楚蔑洛夫的变色龙的特点是怎么表现出来的呢？下面我们利用电子书包的推屏和勾画功能，在自己的文本上进行批注，然后可以让小组派出代表一起来合作讲解。

（电子书包，进行勾画，进行批注）

小组汇报：

小组1：小说一开始，作者就把这件具有象征意义的道具和它的主人一下子推到读者面前。新的军大衣是沙皇警犬的特殊标志，也是他装腔作势、用以吓人的工具。作者以"军大衣"这一服装，交代了奥楚蔑洛夫的身份。

（板书：军大衣 装腔作势 傲慢）

小组1：奥楚蔑洛夫听到有人说"这好像是席加洛夫将军家的狗"以后"把大衣脱下来"。他脱大衣不是因为天气热，而是"判"错了狗，急得他浑身冒汗。脱大衣的动作，既揭示了他猛吃一惊、浑身燥热的胆怯心理，也表现了他借此为自己变色争取时间以便转风使舵的狡猾。这一"脱"，形象地勾勒出了这个狐假虎威、欺下媚上的沙皇走卒的丑恶心灵。当他训了赫留金一顿，忽听巡警说不是将军家的狗时，又立刻抖起威风。可又有人说："没错儿，将军家的！"这时他大惊失色："……给我穿上大衣吧，……挺冷……"这是第三次写他的军大衣。这里穿大衣则是心冷胆寒的表现，以遮掩他因刚才辱骂了将军而心中更深一层的胆怯，并进而为再次变色作准备罢了。这里的一"脱"一"穿"，热而又冷，把奥楚蔑洛夫凌弱畏强、看风使舵的丑态暴露无遗。结尾，他训了一通赫留金后，"裹紧大衣……径自走了。"这是第四次写军大衣。既形象而又逼真地刻画这条变色龙出尽洋相之后，又恢复了他奴才兼走狗的常态，继续去耀武扬威、逞凶霸道去了。总之，作品通过对奥楚蔑洛夫军大衣穿而又脱、脱而又穿这四个细节的描绘，淋漓尽致地勾画出"变色"过程中的丑态，以及他卑劣的心理活动。

（板书：脱穿大衣 见风使舵 凌弱畏强 横行霸道）

师：很好，第一组同学抓住了军大衣这个物品，深入分析，把握出了人物的特征，看到了变色龙的本质，其他同学还有好的解读思路吗？

小组2：用人物自己的话讽刺自己小说《变色龙》，用奥楚蔑洛夫的话讽刺奥楚蔑洛夫自己。在不知道是谁的狗的时候，奥楚蔑洛夫说："这多半是条疯狗"；有人说是将军家的狗的时候，奥楚蔑洛夫说："说不定这是条名贵的狗"。巡警说这不是将军家的狗时，奥楚蔑洛夫说："将军家里都是些名贵的、纯种的狗；这条狗呢，鬼才知道是什么玩意儿！毛色既不好，模样也不中看，完全是个下贱胚子"；巡警又说说不定这就是将军家的狗时，他说："你把这条狗带到将军家里去，问问清楚。就说这狗是我找着派人送去的……狗是娇贵的动物"。当厨师说不是将军家的狗时，奥楚蔑洛夫说："这是条野狗，弄死它算了"；厨师证实是将军的哥哥的狗时，他又说："呜呜……呜呜……这坏蛋生气了……好一条小狗……"。不仅如此，作者还为奥楚蔑洛夫精心设计了美化自己、炫耀自己的语言来嘲讽、奚落奥楚蔑洛夫自己。在故事的开始，奥楚蔑洛夫挤进人群，大声嚷嚷道："这儿到底出了什么事？""你在这儿干什么？你究竟为什么举着那个手指头？……谁在嚷？"一个小小的警官，摆出大官的架势，好不令人发笑！"他哥哥来啦？是乌拉吉米尔·伊凡尼奇吗？""哎呀，天！我还不知道呢！他是上这儿来住一阵就走吗？"垂涎欲滴，极力抬高自己的身价，仿佛他与将军是至亲好友一般，不然他怎么对将军、将军的哥哥这般清楚呢？其实，那个将军知道奥楚蔑洛夫是老几。在将军的眼里，他恐怕连那个小猎狗也不如啊！听着奥楚蔑洛夫不知羞耻的这些话，我们会从鼻孔里发出笑声来。

生动的对话"言者心之声"。按着生活逻辑，把对话写的符合各样人物的阶级地位和性格特征，这是刻画人物、展示他们内心世界的重要手段。

（板书：语言描写　人物形象）

……

（三）内涵把握

师：契诃夫笔下的小人物总是各具特色，让人难忘，2022年恰逢契诃夫诞辰162周年，各地都推出了关于契诃夫的纪念活动。下面我们来看一段视频。

（播放视频）

师：请大家谈一谈为什么一百多年的作品现在还在熠熠生辉吗？

生1：我觉得是作者的文笔功底强，能够把人物写好、写生动。

生2：我认为符合当时的时代特色，因为契诃夫是现实主义作家，能客观地反映现实。

生3：……

师：大师笔下的小人物之所以有生命力，不仅是因为技法和时代本身的特点，更重要的是能把握住人性的共同点，大家想想，一个形象有生命力，就是因为无论在哪个时代都有这样的小人物存在，有这样特色的人物存在,这就是契诃夫作品永恒的魅力。

(四)作业

阅读契诃夫其他关于小人物的作品。

《卖油翁》教学实录

一、知识目标

熟读课文,识记、理解、积累文言实词与虚词;培养借助注释理解课文的能力。(重点)(文言故事学习要点之读和记)

二、能力目标

体会文章通过生动传神、细致入微的描写突出人物性格的特点,阐明道理。(难点)(文言故事学习要点之思)

三、情感目标

学会正确看待自己和他人的长处。(重点)(文言故事学习要点之谈)

四、学习重点

熟读课文,识记、理解、积累文言实词与虚词;培养借助注释理解课文的能力。

五、学习难点

体会文章通过生动传神、细致入微的描写突出人物性格的特点,阐明道理。

六、教学内容及过程

师:哪位同学能说出以"百"字开头、形容人箭法非常高明的成语?

生:百发百中,百步穿杨。

师:"射"是古人常说的六艺之一,也是古人非常推崇的一种技能。拓展"六艺"内容,但"卖油翁"却不以为然,我们来学习这篇短文,看看这是为什么。

(板书课题,并提出文言文故事学习要点读、记、思、谈。)(PPT)

师:大家齐读学习目标。(PPT)

师:学生通过自主学习任务单一检查预习(PPT),课文讲了一个什么故事?根据你的理解,用自己的话复述课文,积累文言实词与虚词;培养学生借助注释理解课文的能力。

师：学生通过自主学习任务单二探究问题（PPT），通过分角色朗读揣摩人物语气，体会文章通过生动传神、细致入微的描写突出人物性格的特点。

师：我们今天要学的这个《卖油翁》是《归田录》中的一篇，就是经过欧阳修删改之后的作品。那么我们首先来看它的原文是什么？

师：最初，《卖油翁》是这样的。现在，你们看到的是这样的。

师：欧阳修都做了哪些修改？有了哪些变化？

生：欧阳修对故事背景作了详细的描写。对人物动作的刻画更丰富。

师：能不能结合句子来比较它们的差别？

生：原文的第一句："往时陈尧咨以射艺自高，尝射于家圃。"

师：他补充了——

生：补充了背景。

师：好，我们读一下这句话。（生齐读课文第一句）

师："自高"和"自矜"有什么区别？"自矜"书中怎么解释？

生：自夸。

生："自夸"比较直接一点，同时说这个陈尧咨骄傲自大。

师：更直接地表现他的自高骄傲。所谓直接，就是说作者把他自高的性格和心理外化为什么？

生：自夸。

师：我在这儿自夸和我心中自高有什么区别？

生：他把那个自高外化为自夸，更显示动作性的表达，更加突出了那个康肃的自大。

师：非常好。"自高"是一种心理，现在他改成"自夸"，就把这种心理外化为一种看得见的具体行动，让人物自己去表现内心的自高。好，这是一个变化。他这种自夸有没有资本啊？

生：有。

师：什么依据啊？

生：当世无双。

师：哦，他自高而且有自夸的资本。跟原文仅仅是"自高"相比有什么样的好处？

生：为下文"尔安敢轻吾射"作了一个铺垫。

师：哦，他认为自己射得很好，所以到后来卖油翁表现出那种漠然的态度时他就觉得很奇怪。他资质越高，别人对他蔑视与漠视时他越不能怎么样啊？

生：接受不了别人对他的漠视，因为他能力很强啊。

师：好，这就是强化反差，所以他作了第二个改变。这样，故事才有曲折，才会有冲突，故事性就增强了。

师：再看看还有什么变化？

生：相比原文，课文中增加了卖油翁的态度。"有卖油翁释担而立，睨之久而不去。……但微颔之"表现了卖油翁对陈尧咨射箭的漠然态度。

师：哦，增加了神情和动作描写。细心的同学应该能发现，第一句话跟我们课文还有区别。还有什么区别？

生：课文第一段后面是"见其发矢十中八九，但微颔之"，而原文是"射多中"，课文详细描写了他射箭技术的高超。

师：好，课文"十中八九"，数字具体化，细节更加真实了。第一句话还有什么区别吗？

生：还有他把原文中的"陈尧咨"换成了"陈康肃公"，突出了陈尧咨的身份。

师：陈康肃是陈尧咨的谥号，而且还加上了一个"公"字，这是对陈尧咨很正式、很尊敬的称呼，而原文中是直呼姓名。为什么到了这里要改成"陈康肃公"呢？

生：为了让他的身份和卖油翁的身份作对比，从而引出他们之间的交流。

师：非常棒，为了突出陈康肃和卖油翁地位身份的悬殊，他们在一起交流本来就是一个奇迹。除了这个原因，还有别的原因吗？

生：因为原文他是写给平民百姓看的，而课文是皇帝要看的，就应该写得具体和富有情节。

师：非常好。欧阳修注意了读者对象，现在是要写给皇帝看，应该写得比较礼貌、比较得体、比较正式。这也是一种变化。

师：继续往后看，还有什么样的改变呢？

生：原文中有"有一卖油翁释担而看"，变成了"有一卖油翁释担而立，睨之久而不去"，原文是"看"，修改后用的是"睨"，更能体现卖油翁的轻蔑。

师："睨"字更轻蔑，你是怎么感受到的？

生：因为"睨"字是"斜着眼看"的意思。

师："释担而立"和"释担而看"有什么区别？

生："释担而看"是说直接把担子放下，没有说怎样看。

师：你所感受到的"立"在那儿，是一种什么样的风度、面貌？

生：他感觉陈尧咨没有什么厉害的。

师：嗯，他就站在这个官员、这个有身份的人面前，没有自卑感，很坦然、很舒展、很自然。所以这个"立"字和"看"字，它们的区别在于能够表现出人物的风度和面貌。如果只有这个"看"字，意义就有些单薄，有些苍白。正是因为人物的轻蔑而导致冲突和对话，这样就通过人物的神情、动作描写激化矛盾。有矛盾才有故事，没有冲突就没有故事。

师：接着看还有什么变化吗？

生：他这里加了个"但微颔之"，留下了悬念，埋下了伏笔。这为后面总结他很生气作了铺垫。

师：哦，他说"但微颔之"为后文设置了悬念，埋下了伏笔。非常棒！一个故事平铺直叙是不能吸引读者的，有了悬念，读者才会持续关注。还有什么变化？

生：原文是"沥钱眼中入葫芦"，课文中是"徐以杓酌油沥之，自钱孔入"，更加具体。那个钱孔很小，从那个钱孔沥进去而钱孔没有被沾湿，说明他技能的高超。

师：这里最大的改变是加了一个什么字？

生："徐"，就是"慢慢地"的意思。

师：这个"慢慢地"能让我们看到什么？

生：悠然的那种，好像毫不在意的样子。

师：悠然的、毫不在意的、漫不经心的、根本不用在意的样子。嗯，

85

通过放大细节的手法来表现人物的形象。

师：还有什么改变？

生：课文中的"汝亦知射乎？吾射不亦精乎"和原文中"尔知射乎？吾射精乎"相比起来比较谦虚一些；还有原文中"无他能，但手熟尔"跟课文中"我亦无他，惟手熟尔"相比，课文中显得卖油翁比较谦虚一些。

师：真的是改后更谦虚吗？我们来看对话，哪个更笃定、更自信？

生：修改后。

师：对，修改后人物显得更笃定、更自信。你比方说"无他能"，这句话删掉了"能"，语言变得更简洁、明了。再比方说原文中的"以吾酌油可知也"，改过的是什么？"以我酌油知之"，也是很自信、很笃定的。我们发现，他把对话调整了，人物的形象更加鲜明。

师：还有最后一句话，本来原文是"此无他，亦熟耳"，课本中是怎么说的？

生："我亦无他，惟手熟尔。"

师：对。这时卖油翁和陈康肃沟通时姿态怎么样了？这时候的语气怎么样了？

（师比读这两个句子：此无他，亦熟耳；我亦无他，惟手熟尔。）

生：谦虚、柔和，显得亲切，没有开始的强迫。

师：对，这样，交流就比较畅通，没有居高临下地批评对方。语气调整后人物的形象更加鲜活了。

师：再看，还有什么变化？

生：原文的最后一句是"陈笑而释之"，课文中是"康肃笑而遣之"，把"释"换成"遣"。"释"是说陈尧咨把卖油翁放了，而"遣"是"打发"的意思，更加说明陈尧咨与卖油翁对话后，他变得更大度了。

师："笑而释之""笑而遣之"，他发现了这个。"释"变成了"遣"，非常好，很有眼光。"释"是什么意思？"笑而释之"，把他怎么样了啊？放了，放了的前提是打算把他怎么样啊？

生：抓起来。

师：对，就是打算把他抓起来，现在把他放了。书上变成"笑而遣之"，"遣"是什么意思啊？

生：打发。

师："走吧，走吧"，有什么区别？

生：显得陈康肃更加谦和大度。

师：嗯，他现在心中觉得怎么样啊？

生：他觉得很羞愧，因为之前太自高自大了。

师：他现在已经很羞愧了，觉得卖油翁说得有道理，就说："你走吧走吧。"很轻松，完全释怀了。如果是"释"的话，有很多意味儿，比方说卖油翁没犯法，没有理由抓他，只好把他放了，把卖油翁放了可是他心中还是耿耿于怀。但是"遣"让我们感觉到他已经释然了，心中愿意放他走，甚至觉得卖油翁给予他很好的教育，所以"笑而遣之"。这是精选动词，一个动词注意它的内涵，还要注意它的语气，看它表现出来的人物心情，所以他在修改时精选动词。

师：再看看，还有没有变化啊？

生：课文中是"乃取一葫芦置于地，以钱覆其口"，而原文中是"乃取一葫芦，设于地，置一钱，以勺酌油，沥钱眼中入葫芦"。改动了以后情节更加充实生动，动作更加明确，显得更加精彩，有曲折。

师：好，原文说"设于地，置一钱"，那钱到底是放地上还是放葫芦上呢？不明确。但是改后的文章就非常清晰，他把这个葫芦跟地、跟钱的关系，表述得更明确了。

师：还有没有新的发现？

生：就是课文第二段的"汝亦知射乎？吾射不亦精乎"，原文是"尔知射乎？吾射精乎"，修改后更加强调语气，使陈尧咨的自傲性格更加明显了。

师：太棒了。原文是一个设问句，自问自答。但是改过后"吾射不亦精乎"，是反问句，加强了语气，突出陈尧咨骄傲的个性。改变句式从设问句变为反问句，突出人物个性。

师：还有什么？

生：在原文他说："汝何敢轻吾射！"而课文中说"尔安敢轻吾射！"原文说："你怎么敢轻视我的射技呢？"这里说："你竟然敢如此大胆地轻视我的射技！"说明他语气更强烈，表达他对卖油翁的轻视、愤怒。

师：把这两句话读一遍，先读原文，预备——起。

生："汝何敢轻吾射！"

师：改后的，预备——起。

生："尔安敢轻吾射！"

师：你会发现改动了哪个词？

生：把"何"改成了"安"。

师：把"何"改成了"安"。"汝"和"尔"是什么意思？

生：你。

师：都是"你"，那他为什么要改？"汝"是一种什么色彩？

生：是一种敬称。

师：是一种敬称。是书面化的。"尔"呢？

生：带有一种愤怒的、轻蔑的语气。

师："尔"是口语化的，语气上愤怒的、轻蔑的、甚至是讨厌的。对，改变了人称。还有这个"何"和"安"有什么区别？"何敢""安敢"听起来有什么不同？

生："何"带有一种质问语气，"安"不仅仅是一种质问，还有厌恶的语气，而"何"有一种尊敬的语气。

师："何"表示尊敬，"安"表示愤怒，他感受到了。在音节上"何"听起来内敛低沉，"安"听起来明亮高亢，更适合表达他的愤怒。

师：那你觉得这个故事在讲一个什么道理呢？

生：熟能生巧。

师：再想想，还有没有？

生：精益求精。

师：读了这个故事，在现实生活中你将如何看待自己和别人的长处？

师：有人认为，从这个故事可以读出弦外之音：宋朝有重文轻武的风气。但是有人可能会问：高超的箭法真的等同于往葫芦里灌油吗？好箭法真的只是"手熟"而已吗？再读课文，谈谈你的看法。

师：表演课本剧。

生：（表演）

小结：本文通过卖油翁与陈尧咨的对话和卖油翁酌油的事例，说明了熟能生巧、精益求精的道理。故事篇幅不长，但事件的发生、经过、结果都写到了。人物的活动随着事件的进程次第展开，步步递进，线索明晰，次序井然。情节虽简单，却波澜起伏；文字浅显；却韵味无穷。人物性格亦跃然纸上，尤其陈尧咨由"自矜"到"忿然"，到最后无话可说，只得"笑而遣之"。我们不得不为祖国的语言文字感到自豪。

板书设计

卖油翁
欧阳修

卖油翁　沉着镇定　　　　　　　　　　熟能生巧
陈尧咨　骄傲自大　盛气凌人　　　　　精益求精

七、教学反思

《卖油翁》这是一篇短小精悍的笔记小说，它通过卖油翁和陈尧咨之间的一段小故事，用浅显易懂的文言文说明了"熟能生巧"的道理。这篇文章故事性很强，学生较易理解。但面对初一学生，要在一课时内完成教学任务，需要学生做好充分的预习。在确定教学目标的时候，我引导学生把握文言文小故事的学习要点，确定教学目标。

1. 预习充分，大胆质疑

课前我要求学生做好充分的预习工作：尽量扫除文字障碍，找出难以理解的词句；通读课文；了解文章大致内容；查找作者生平等。由于准备充分，在授课时，学生勇于提出自己的疑惑，并认真听取同学及老师的讲解。课后检测证明，学生对这一课词句理解的记忆是既快又牢。所以说，做好充分的准备后，放手让学生质疑，这既培养了学生发现问题、解决问题的能力，又提高了他们学习的兴趣，也提高了课堂教学的效率。

2. 角色朗读，读中有获

我在教学中多次安排学生朗读，这篇文章从动作、语言、神态生动地刻画了人物形象。从语言描写来说清晰地再现了两个完全不同性格的人，一个骄傲，一个谦虚。学生在分角色朗读和翻译的时候对两人说话的语气把握还比较准，而且朗读热情比较高，读出了自己的感悟。对于比较简单的知识，我并没有过多讲解，让学生自己翻译自己评价。

3. 创设情境，激发兴趣

卖油翁的人物形象可以说在学习的辅助材料中早有定论，但是学生的拓展思维是不可预设的，如：当我问到"通过对课文的理解，你感觉故事蕴含了什么道理"时，"熟能生巧、不要骄傲自满、学无止境、人外有人，天外有天……"学生的思维很活跃，他们对于文本的理解远远超出了我的想象。这也让我深刻地意识到：如果充分地激发了他们的学习热情，学生定会还你一片精彩。在新课改进行得如火如荼的今天，我们的任务是提高同学们语文学习的效能，进而增加文化底蕴。在以后的教学中，我一定认真钻研教材，善于抓住这种机会，酝酿这种机会，更要努力创造这种机会。

4. 课本剧表演，活跃气氛

本次课本剧比赛，既促进了学生多方位地汲取文本文化营养，加深了学生对教材和生活的深入理解，也为提高学生们的综合素养能力、陶冶淳美心灵、丰富校园精神文化生活、展示自我才艺搭建了一个良好的平台。

整堂课下来，感觉节奏紧凑。学生参与课堂的激情较高。当然，这堂课也存有不足，因学生在课堂上都比较活跃，出现了多次泛答的情况。也有学生的回答相当精彩，但同学之间缺少鼓励与点评，在以后的教学中一定要注意改进。

《菱形的性质》教学实录

一、教学目标

1. 掌握菱形概念，知道菱形与平行四边形的关系。

2. 理解并掌握菱形的定义及性质1、2；会用这些性质进行有关的论证和计算，会计算菱形的面积。

3. 通过运用菱形知识解决具体问题，提高分析能力和观察能力。

4. 根据平行四边形与矩形、菱形的从属关系，通过画图向学生渗透集合思想。

二、重点、难点

1. 教学重点：菱形的性质1、2。

2.教学难点：菱形的性质及菱形知识的综合应用。

三、教学过程

（一）复习旧知

师：什么叫平行四边形？什么叫矩形？平行四边形和矩形之间的关系是什么？

生：回答平行四边形的概念、矩形的概念，这二者属于一般和特殊的关系。（角、对角线）

（二）情景引入

欣赏图片，观察到特殊的四边形。

1.菱形的性质

师：我们已经学习了一种特殊的平行四边形——矩形，其实还有另外的一种特殊平行四边形，请看演示（可将事先按如图做成的一组对边可以活动的教具进行演示）。如图，改变平行四边形的边，使之一组邻边相等，从而引出菱形概念。

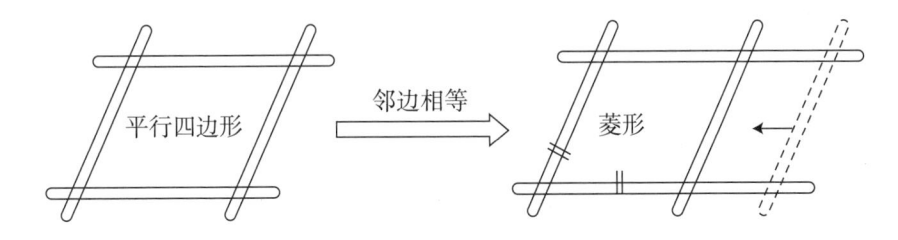

菱形定义：有一组邻边相等的平行四边形叫作菱形。

强调：菱形是平行四边形；一组邻边相等。

生：举一些日常生活中所见到过的菱形的例子。

活动1：如何利用折纸、剪切的方法既快速又准确地得到一个菱形？

生：利用剪刀和彩纸，通过折纸的方法剪出菱形。

活动2：在自己剪出的菱形上画出两条折痕，折叠手中的菱形，并回答下列问题：

问题1：菱形是轴对称图形吗？如果是，指出对称轴。

问题2：菱形的四条边有怎样的数量关系？

生：观察手中的菱形，猜想出菱形是轴对称图形，菱形四条边相等、对角线互相垂直的性质。

性质证明：利用平行四边形对边相等的性质和菱形定义证明菱形四边相等。

生：独立书写菱形性质的证明过程。将证明过程拍照上传。

师：结合学生上传的答案，讲解菱形性质的证明过程，得出结论。归纳总结，对比平行四边形的性质得出菱形的性质。

菱形的性质定理：菱形的四条边都相等。菱形的对角线互相垂直平分。菱形是轴对称图形，两条对角线所在直线为对称轴；菱形是中心对称图形，对角线交点为对称中心。

2. 菱形的面积

问题1：菱形是特殊的平行四边形，那么可以用平行四边形的面积公式计算其面积吗？

生：思考特殊与一般的关系，得出结论。

问题2：菱形的对角线互相垂直平分，可以用对角线表示菱形的面积吗？

生：尝试利用对角线，将菱形分割成两个三角形求其面积。上传证明过程。

师：结合学生的答案，利用分割的方法，将菱形转化成三角形，求出面积。渗透转化的数学思想方法。

菱形的面积＝对角线乘积的一半。

（三）例题讲解

例1：已知如图，四边形$ABCD$是菱形，F是AB上一点，DF交AC于E。求证：$\angle AFD = \angle CBE$。

证明：∵ 四边形$ABCD$是菱形，

∴ $CB=CD$，CA平分$\angle BCD$。

∴ $\angle BCE = \angle DCE$。又$CE=CE$，

∴ $\triangle BCE \cong \triangle DCE$（SAS）。

∴ $\angle CBE = \angle CDE$。

∵ 在菱形$ABCD$中，$AB \parallel CD$，

∴ $\angle AFD = \angle FDC$。

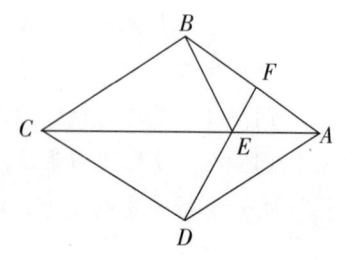

∴ ∠AFD=∠CBE。

例2：（教材P108例2）略。

（四）随堂练习

1.若菱形的边长等于一条对角线的长，则它的一组邻角的度数分别是多少？

2.已知菱形的两条对角线分别是6 cm和8 cm，求菱形的周长和面积。

3.已知菱形ABCD的周长为20 cm，且相邻两内角之比是1∶2，求菱形的对角线的长和面积。

4.已知：如图，菱形ABCD中，E、F分别是CB、CD上的点，且BE=DF。求证：∠AEF=∠AFE。

5.在菱形ABCD中，∠D∶∠A=3∶1，菱形的周长为8 cm，求菱形的高。

6.四边形ABCD是边长为13 cm的菱形，其中对角线BD长10 cm，求：（1）对角线AC的长度；（2）菱形ABCD的面积。

（五）课堂小结

1.菱形的性质：四条边都相等，对角线互相垂直平分。

2.菱形的面积＝对角线乘积的一半。

（六）作业布置

教材113页第1、2、3题。

四、教学反思

本节课学习菱形的性质，重点在经历探索菱形性质的过程。在操作活动和观察分析过程中发展学生的主动意识，进一步体会和理解说理的基本步骤，并且认识到菱形在生活中的实际应用，培养学生数学应用意识。先让学生从动手实践开始，通过直观观察菱形的特点，进一步体会菱形的边以及对角线的性质，并加深学生对知识的理解。通过类比平行四边形、矩形的相关知识去探究菱形的性质，锻炼学生的归纳总结能力。对于知识的生成，包括对定理的证明，担心连麦会耽误时间，所以老师包办得过多。对于习题的处理，感觉还是学生参与得少，总担心时间不够，让学生失去了参与的机会。另外，本节课设计的习题过多，导致学生完成不了，容易造成负担，以后还应该针对学生的实际情况，精练习题，分层次，讲重点，让学生更主动积极地去学习。

"Unit 9　My favorite subject is science. Section B 2a-2c"教学实录

一、教材分析

本节课是新目标英语七年级上册"Unit 9 My favorite subject is science."的第4课时 Section B 2a-2c。

二、设计背景

针对初三学生在中考中体现出的写作能力差，无法将书中的内容进行有效的迁移、组织成文，书写差等现象，设计了本节的读写课。

三、学情分析

本节课的校园生活话题贴近学生的日常生活，学生有话可说，七年级学生学习过了一般现在时，简单的形容词可以用于表达。

四、设计意图

基于上述分析，本节课的设计由侧重语言知识转移为侧重学生能力、思维的培养，由于是起始年级，所以注重学生的学习习惯和学习策略的养成。本节课体现我校的"两标一组"即教学目标、学习目标和学生共同体小组在课堂上的落实。

五、教学目标

[知识与技能]

1.运用 interesting, difficult 等形容词评价学科。

2.抓住文章中心词，简要地复述文章。

3.仿写文章，起草回信。

[过程与方法]

1.使用读前预测、略读、跳读、扫读等阅读策略理解读文章。

2.合作、讨论、分享观点、协作修改。

3.支架式教学。

[情感态度与价值观]

1. 通过合作讨论、处理问题等培养合作意识。

2. 养成认真对待每一学科的优秀学习品格。

六、学习目标

1. 通过阅读策略理解文章内容，用不同形容词评价各学科，表达自己的喜好。

2. 运用文章中的信息，重要句子进行仿写，起草给 Yu Mei 的回信。

七、学习重点

理解文章，整理书信格式，简要复述文章。

八、学习难点

起草回信。

九、教学内容及过程

Speech Time： a student talk about school life.

T： First let's have our speech time. Who's turn today?

S1： I am.

T： Please come to the front. And others please listen carefully and pay attention to what his speech is about. And try to remember useful sentences from his speech and give comments. You can comment from these four aspects. （PPT）

（S1 makes a speech about his school life.）

T： Excellent! I think we should give him warm claps for him，OK? Who wants to say something about his speech? About his pronunciation? Chinese is OK.

S2： ...

S3： ...

T： What can you learn from his speech?

S4： He tells us about his school life.

T： What is his favorite subject?

S5： His favorite subject is English.

T： Who is his favorite teacher?

S6：His English teacher.

【设计意图】本活动培养学生搜集整理材料、英语思维、表达及评价能力。

Step I：Pre-reading

1.Leading-in：Chant, review the names of different subjects：

Monday, Monday, math on Monday!

Tuesday, Tuesday, art on Tuesday!

Wednesday, Wednesday, English on Wednesday!

Thursday, Thursday, P.E. on Thursday!

Friday, Friday, my favorite Friday!

【设计意图】Chant的方式能够在上课之初增加趣味性，激发兴奋点。

T：As we know，every day we have some subjects， what do you think of these subjects?

Do you like English ?Why?

S：...

2.Ask Ss about their ideas about different subjects.

Do pairwork between classmates.

T：What do you think of these subjects?（subjects on PPT）

（1）A：Do you like music?

B：Yes./No.

A：Why do you like/dislike it?

B：Because I think it's relaxing.

...

（2）A：What do you think of music?

B：I think it's relaxing.

【设计意图】本环节给出示例，降低了难度。支架式教学，通过对话的方式，培养学生应用交际能力，同时也为未来的英语口语测试做好准备。此环节还可以通过学生对不同学科的真实评价，引导学生认真对待各学科的学习。

（3）predict according to the picture.

Step II: While-reading

① skimming: ask Ss to read quickly to find the answers to the questions.

Questions: How many parts of a letter? What's the main idea of the passage?

【设计意图】培养学生观察、归纳的能力。

② scanning: ask Ss to read again and answer the questions.

Questions: What subject does Yu Mei like? Why?

What subject doesn't Yu Mei like? Why?

【设计意图】本环节学生通过体会不同的形容词所修饰的不同学科，表达喜好，同时也培养学生高阶思维。

③ reading for details: complete the schedule.

Friday			
Time	Subjects/Activities	Time	Subjects/Activities
8:00 to 8:50		12:00 to 1:00	
9:00 to 9:50		1:00 to 1:50	
10:00 to 10:50		2:00 to 4:00	
11:00 to 11:50			

And then report like this: Yu Mei has math from 8:00 to 8:50.

【设计意图】以第三人称汇报，反复巩固已学过的难点知识动词的第三人称单数，同时培养学生复述能力。

④ read after the tape and pay attention to the pronunciations of the main words and the right reading speed.

【设计意图】跟读训练学生的正确发音语速，为语言输出做铺垫。

⑤ read and fill in the blanks.

Dear Jenny,

　　I am very _____ on Friday. At _____ I have math. It is not _____. The teacher says it is _____, but I think it is _____. Then at _____ I have science. It is but _____. At _____ I have history. After that, I have P.E. at _____. It is _____ and _____. _____ is from 12:00 to 1:00, and after that we have Chinese. It is my _____ subject. Our Chinese teacher, Mrs. Wang, is great _____.My classes _____ at 1:50, but after that I have an art lesson _____ two hours. It is really _____!

　　How about you? When are your classes? What is your favorite subject?

Your friend,

Yu Mei

【设计意图】通过填空熟悉文章的主要表达方式，为下一步写作做语言准备。

Step Ⅲ: Post-reading: writing

　　假设你是Jenny，请你给Yu Mei回一封信，告诉她你的学校生活状况，包括你的学习生活和课余安排，喜欢和不喜欢的学科及原因。

　　字数：60—80个词。

Scaffolding:

1.talk freely about different ideas about the life in the real school and ideal school, give some advice to Ss.

2.7 tips about words for the forms of a letter, beginning, adjectives about life, the expression about time, activities, conjunctions, comments, endings.

　　Give sample to help.

Guide the steps for writing.

写作步骤

step 1
小组讨论，列出
时间和活动表

step 2
独立起草，
小组互助修改

step 3
誊写成文，
干净工整

【设计意图】引导学生自由讨论现实的学校生活和理想的学校生活，给出7个写作提示：书信格式、开篇语、生活状态、时间表达、活动表达、连接词、评价词、结束语等，由学生共同回忆已学过的相关内容，给出例子，学生口头续写。指导学生通过共同体协作按步骤完成作文。此环节通过使用支架式教学一步一步帮助学生能够正确写作搭建脚手架。

Show the rules for comment.

评价标准

	内容	评分		
1	能够说清楚自己的课时安排。	1	2	3
2	信件格式正确，具备称呼、正文、落款等基本要素。	1	2	3
3	拼写和语法正确。	1	2	3
4	书写规范，标点、大小写正确。	1	2	3
5	至少写60词。	1	2	3

Write and comment.

【设计意图】使用希沃投屏助手，现场将写好的作文投射在大屏幕上，更有直观性，同学们通过对作文的点评，纠错，记忆知识更加深刻，同时优秀的书写还有示范作用，对小组合作也提出了肯定，对培养合作意识有积极作用。

Homework：do your best to finish the letter.

【设计意图】作业的布置是对课堂内容的一个巩固，同时强调尽最大努力，培养学生对待事情的严谨态度。

十、课后反思

本节的教学设计，我把初三总结出的经验带入初一学生的学习培养中，根据单元教学要求、教材的特点和学生的学情制定了明确合理的教学目标，并精心设计课堂的细节来突破重点难点。逐步培养学生说的能力、在课文中提取有效信息的能力以及高阶思维能力。整个课堂设计有许多可取之处：

1. 巧妙导入。以 chant 的方式倡导同学们大声朗读，既复习了本单元重点词汇，为本节课的阅读做好语言铺垫，又可以训练学生的口语技能，调动学生的参与热情。从学生的现场反应看，这个活动还是很有成效的。

2. 积极将新课改理念落实到教学实践中去，尊重学生学习的主体地位，相信学生的学习能力，承认学生的个体差异，注重学生的情感体验，让学生在"自主、合作、探究"中体验学习乐趣，提升英语的综合运用能力。

3. 学习的过程同时也是发现归纳的过程。学生是学习的主体，不但要跟随教师学习，也应在学习过程中善于归纳总结，自我得出结论。所学的知识才印象深刻，掌握牢固。学生在教师的阅读策略的指导下逐步理解文章内容，由整体到细节，形成正确的阅读策略，从而指导自己的阅读。

4. 教师作为启发者和鼓励者，通过创设情境，引导学生主动参与学习，实现知识的能力化、认知和情感的结构化。在课堂以有效提问的方式，逐层深入，让学生在研习中积累知识，体验情感，发现问题，这样既活跃了课堂，也保证了学生的学习时间，从长远看也能激发学生的学习兴趣，提高其学习能力。

5. 在指导学生学习的过程中，也是培养学生综合能力的过程。本节课指导了学生运用自主探究、合作的方式来学习，把课堂还给了学生，让学生在学习中掌握了学习规律并形成习惯。通过讨论，充分发挥了学生的主体作用，使课堂气氛异常活跃。通过这些环节使学生充分理解文章含义，并能增强学生对于学科的正确认识，从而积极投入到学科的学习中。

6.在整节课中不断地使用支架式教学模式，从重点内容的目标语言的输入、输出，到难点内容写作的点拨启发上，一步一步地帮助学生搭建学习的脚手架，使学生建立自己的知识框架，在写作过程中，每个人都有话可写，有话会写，即真正地将所学落到实处。

当然，每节课都会有它的遗憾：比如说对学生活动的把握上，还有个别学生的参与不积极，时间的把握上还存在拖沓。我会在今后的教学中不断改进！

十一、同组教师评价

王慧明老师：

首先，商老师能够从学生的学习习惯入手，设计上注重学生英语思维能力的培养。这一点在七年级的起始年级还是非常重要的。

其次，商老师这节课关注教学方法，体现了一个"活"字。从交际的情景出发，根据教材内容，创设生动情景，让学生受到情景的感染，激发学习兴趣和求知欲。商老师还注意利用多媒体课件、希沃投屏助手等作为教学资源，吸引学生，并且能够激发学生的参与热情。

此外，商老师能贯彻以学生为中心的原则，尽可能发挥学生的主体作用，让学生真实去感受知识，体验知识，积极参与，努力实践，在活动中学会用语言表达交流，通过有层次的活动设置让学生从课文中能够提炼语言并实际应用到写作中去，从而落实了英语的语言应用。

建议：

节奏的把握上再调整一下，感觉最后的活动没有尽兴时间就到了，可以在中间的环节上减少拖沓。

结尾的拓展活动可以再开拓一下思维，给学生更多的空间。

"学习细节描写"教学实录

【教学目标】

知识与能力：

1.把握细节描写的定义及作用。

2.学习并运用细节描写方法进行写作。

过程与方法：

通过赋形分析，发展学生的写作思维。

情感、态度与价值观：

激活学生的学习热情，培养学生互助、交流、合作的意识。

【教学重点】

学习并运用细节描写方法（主要为动作细节、神态细节）。

【教学难点】

通过赋形分析，发展写作思维。

【课前准备】

1. 教师：录制微课、印导学案、制作教学PPT及电子书包。在QQ中先做出投票。

2. 学生：自主学习，观看微课，认真阅读导学案并完成导学检测。

【课前活动】

1. 师生在QQ群互动，在QQ设置中将字体调到最大，方便课堂使用和交流分享。

2. 培训语音录入（调整音量，校准读音和语速），培训学生在对话框或office、wps中修改语句。

【教学过程】

一、激趣导入

师：逾越节的晚上，耶稣把自己的门徒聚到一起，共进晚餐，他入座后说的第一句："你们中间有一个人出卖了我。"话音刚落，场面一片混乱，有的人在表白忠诚，有的人在询问长者，还有的人则愤怒地要求追查到底。其实出卖耶稣的人叫犹大，为了三十块钱他将耶稣送上了十字架，大家仔细观察一下，看看哪一个人的表现更符合你心目中犹大的形象？

生：第13号，他的姿势和其他人都不同，而且他的手中攥着一个钱袋子。

师：老师很欣赏大家能够认真地观察，这是我们进行写作的基础，也很欣赏大家能够依据细节对人物加以判断，这节课我们来深入学习细节描写。

二、学习目标及导学检测

（一）明确学习目标

1.明确细节描写的定义

师：学习目标有三个，第一就是要明确细节描写的定义。这一目标，我们在课前的导学中已经学习过了，谁能来说说什么是细节描写？

生：细节描写是指对人物、环境或事件的某一局部、某一特征、某一过程所做的具体、细致、深入的描写。

师：这不仅是细节描写的定义，也是细节描写的特征。细节描写不可以单独使用，一定要放在其他描写方式中。

2.明确细节描写的作用，把握描写当中的"关键处"

师：在导学案中，你体会到了细节描写的哪些作用？

生：细节描写的作用主要有三个：

①体现人物或事物的特征。

②展现作品中人物内心的情感。

③表达作者的思想情感。

3.学习并运用细节描写的方法

师：这节课我们主要学习神态细节和动态细节的写作方法。

（二）导学检测

三、学习细节描写写作方法

（一）明确作用、寻找"细描处"

师：哪位同学愿意与大家分享一下你的学习成果。（拍照上传导学案）

1.细节描写的捕捉能力检测

师：我们来看看导学案中第1题。细节描写的语句有哪些？

生："水银灯光把他的额头照得亮堂堂，他的眼睛缝着，这不全是因为灯光太亮的缘故，他实在是忍不住心底的欢喜，遮盖不住心里泛上来的笑，层层笑纹从嘴角漾开去。"

生："她们用兰花似的手指摘住瓜子的圆端，把瓜子垂直地塞在门牙间，而用门牙去咬它的尖端。'的，的'两响，两瓣壳的尖头便向左右绽裂。然后那手敏捷地转个方向，同时头也帮着微微地一侧。使瓜子水平地放在门牙口，用上下两门牙把两瓣壳分别拨开，咬住了瓜子肉的尖端而抽它出来吃。"

生："吸溜一下鼻涕，骂我一句。"

2.分析细节描写的作用

师：作家高尔基说自己曾经被细节描写迷得如痴如狂，像个野人一样思索着细节描写的作用。请大家参看学案，我们也来分析一下细节描写到底有什么作用。

生：语段一中的细节描写体现出老孟泰的兴奋和喜悦。

生：语段二中的细节描写体现出女人们、小姐们吃瓜子时动作娴熟、优雅的特点。

生：语段三中的细节描写表达了作者对老师的赞美与怀念。

师：综上所述，细节描写的作用如下：

①体现人物特点。

②展现人物内心情感。

③表现作者思想情感，即突显文章主旨。

3.寻找"细描处"——应进行细节描写之处

师：如果说细节描写有体现主旨、情感和特点的作用，那么，反过来说，能体现这三点的内容就应该进行细节描写。

师：下面我们要对课堂所学进行微测。

（1）原题再现

下面语段中应该进行细节描写的一句是 （   ）

马上就要期末考试了，作业的量自然也就加大了起来。每夜都是我在台灯下，你在昏黄的墙角，为我粘学案，整理错题。那一个个黑夜，有你相伴，我才不会孤单。　　　　　　　　（《爱住我家》）

A.作业的量自然也就加大了起来。

B.你在昏黄的墙角，为我粘学案，整理错题。

C.那一个个黑夜，有你相伴，我才不会孤单。

（2）讲解微测，进一步明确"细描处"

师：能体现特点、情感、主旨的内容就是我们写作的关键处，要用心雕琢，用笔墨充实，用我们的心和笔在这里驻足，这样鲜明生动的形象、丰富的情感、动人的画面才会在文字中流淌起来。

（二）具体方法，生成归纳

师：齐白石曾经说过这样一句话："学我者生，似我者死"，意思是说一味模仿他的人会一事无成，而学习他绘画方法的人才能有所建树。高尔基在探索中发现了细节描写的方法，并凭借这一点成为伟大的文豪，老师也希望你们在合作、交流与探索中有所发现，这一环节我们要合作学习，要求如下：

1. 明确要求

合作要求：合作学习，交流研讨，总结方法。

①组长负责组织及分配任务。

②一名同学准备分享发言。

③一名同学负责记录方法。

④限时5分钟。

2. 原题再现

师：请大家根据自己小组的任务，阅读学习任务单一，合作完成。

（1）	①作者运用细节描写写老孟泰的笑，语段中的细节描写在内容上有什么共同点？ ②从中你能学到怎样的细节描写方法？
（2）	①画出语段中的动词。 ②作者描写的就是"吃"瓜子，请说说"吃"和你所画的动词之间是怎样的关系？ ③"把瓜子垂直地塞在门牙中间"一句中的"塞"可以替换为"放"吗？请说明原因。 ④你认为哪一句细节描写描写得最生动？请说明理由。 ⑤在对语段的分析中你可以得出怎样的写作方法？
（3）	①语段中的细节描写的似乎是老师的缺点，作者为什么要这样写？ ②在本段中，你能读出作者在进行细节描写时，依据了怎样的写作原则？

3. 学生发言，解读方法

（1）分析语段一

师：请同学们思考语段一的相关问题。

师：一般我们要赞美和怀念教师，往往要写老师的优点，可是语段中的细节描写写的似乎是老师的缺点，作者为什么要这样写？

生：因为这样写显得真实可信。

师：我们从语段中可以看到一位真实的老师，他具有怎样的特点？

生：这位老师不拘小节，脾气也有些暴躁。

师：在本段中，你能读出作者在进行细节描写时，依据了怎样的写作原则？

生：真实可信、体现本质。

（2）分析语段二

师：在语段二中，作者运用4个小句子写老孟泰的笑，读读语句，想想这几个小句子在内容上有什么共同点？

生：写的都是老孟泰的"笑"，都表现出了他的"欢喜"之情。

师：说得很好，那同学们再看看，这4个小句子的位置可以互换吗？

生：不可以。作者在写的时候是按从内到外、从部分到整体的顺序写的。所以是不可以互换位置的。

师：找得真好，我们读出了顺序，也读出了方法，是什么呢？

生：有外在的描写，也有内在，也就是作者内心情感的描写。

生：可以多找几点进行描写，充实的、有顺序的描写可以更好地体现人物。

师：我们把这种方法归结一下——神态结合、延长有序。

（3）分析语段三

师：请同学们画出语段三中的动词。

师：你们画了哪些动词？

生：我画的动词有"摘、塞、咬、绽、转、侧、放、拨、咬、抽"。

师：作者描写的就是"吃"瓜子，却用了这么多的动词进行描绘，这些动词能带给你怎样的思考。

生："吃"是总写，其他的动词是分写，是把"吃"这个动作分解成了连续的几个动作。

师：是的，这个方法就是对动作描写进行细节刻画，也叫分解动作。

生：我想对这个同学的发言进行补充。我认为这些动词的位置也不可互换，我在读这段的时候想，能不能用其他的动词进行替换，我发现，我所想的动词没有作者的准确、恰当。所以这些动词要精心选择。

师：除了动词，还有哪些词语和句子值得我们注意？

生：还有形容词，起修饰和限制的作用。

生："她们用兰花似的手指摘住瓜子的圆端"运用了比喻的修辞，使人物的特点生动形象地表现出来。

师：同学们分析得很好。从分析中，我们可以得出怎样的写作方法？

生：分解动作、精选动词。

师：是的，概括得准确又凝练。此外，在进行细节描写时，还可以运用联想想象。

4.方法总结

师：我们把方法归纳一下。

师：真实可信、表现本质、神由态显、延长有序、分解动作、精选动词、修饰修辞、联想想象。

四、课堂练习

师：我们来牛刀小试一下，请大家看学习任务单二。

1.任务单呈现

享受运动　绽放精彩

下面是四种球类运动的图标，请你任选一个，紧扣图标动态特征，想象比赛过程，描写一个片段。（50字左右）

| 羽毛球 | 乒乓球 | 篮球 | 足球 |

| 助写一 | 助写一 | 助写一 | 助写一 |
| 助写二 | 助写二 | 助写二 | 助写二 |

2.明确要求

（1）运用所学方法进行创作。

①任选一项运动的图标进行片段练习。

②想好你所要表现的人物特点及内心情感。

③在不影响其他同学的情况下，可以在原地进行动作和神态的模拟。

④通过语言录入，发到QQ群中分享。

（2）写作有困难的同学，可以在规定时间内观看一项运动的助写视频。

（3）在QQ群中进行投票，推荐两名同学的作品，得票最多的作品评为"优秀习作"。

3. 学生作品展示与评价

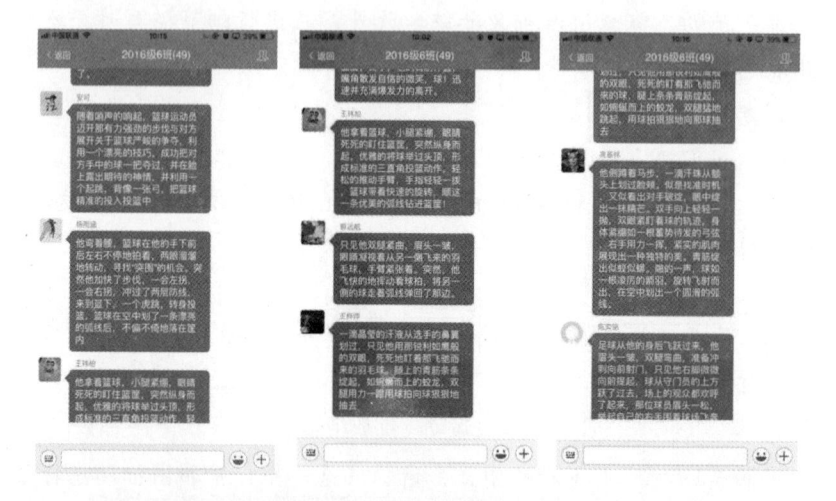

生：我觉得高基祥写得很好，动作分解细致，动词运用也很恰当。还运用了比喻的修辞，写得生动形象。

生：我认为王梓烨写得好，她运用的形容词，如"锐利""狠狠"使人物充满了力量。

4. 本课总结

师：这节课我们共同学习了细节描写，我们共同理解、共同分析，分享着知识与习作，我们还要把所学进一步地运用到我们的写作中去，课后有两个作业，同学们要按照老师的要求完成。

五、作业布置

1. 必做作业——推荐分享

分享推荐一张与你有关的照片（或难忘，或感动等），配一段细节描写的文字。

2.选做作业——互助修改

运用所学，帮助同学修改作文片段。

1.《记忆中的小温暖》

我望着外面像起了雾似的飘飞大雪,盼着早点放学,投入父亲的怀抱。放学之际,只见父亲头上眉毛上都挂了雪,但一见到我还是勉强地咧开嘴笑。父亲将我护在他怀下,替我抵当风雪。"一会儿去课后班,吃点什么？""吃面。"父亲带我去了面馆,要了两碗面……

2.《爱住我家》

"开饭了！"随着爸爸的招呼,我们一家三口坐在饭桌旁,一起开心的吃着晚饭,时不时还有几声开心的笑声传出去,温情在餐桌上游荡。

师：巴尔扎克说："当一切的结局已准备就绪,一切情节都已经过加工,这时,再前进一步,唯有细节将组成作品的价值。"细节描写"虽是微末技艺,却是顶上功夫"。希望同学们能主动地在写作中运用细节描写。我们这节课就上到这里,感谢大家的配合。

构建卓越教育体系的关键在校长、教师。一〇三中学瞄准高端,精心组织卓越教师培养工程,向学科细分、专题研修方向发展,提升工程实施的精准度。面向全员,紧密对接一线教师培训需求,实施教师"领雁工程"和"助力工程"。发挥校长辐射示范引领作用,坚守学校阵地,潜心教育教学改革,打造学校文化精神；让教师们更加热爱教育、爱岗敬业,更加热爱学生、教书育人,更加以身立教、为人师表。

第四章
卓越教师队伍建设

为贯彻习近平总书记重要讲话精神,落实《中共中央国务院关于全面深化新时代教师队伍建设改革的意见》决策部署和各级教育局工作要求,基于教师发展需要,以学校卓越文化为价值取向,强化教师职业情感,以职业幸福感激发教师发展内驱力,引领教师在思想上同心同德、在目标上同心同向、在行动上同心同行,形成心往一处想、力往一处使的团队现象,形成求真、求实、求索的教风,培养造就一批教育情怀深厚、专业基础扎实、勇于创新教学、善于综合育人和具有终身学习发展能力的卓越教师。

卓越教师培养计划,贯彻落实习近平总书记教师节重要讲话精神,推动教师教育综合改革,培养让党和人民满意的好教师。

2014年12月5日,根据《教育部关于实施卓越教师培养计划的意见》(教师〔2014〕5号)和有关申报遴选要求,经学校申报、省级教育行政部门推荐、专家会议遴选,并经网上公示,教育部确定了80个卓越教师培养计划改革项目。2018年10月,教育部日前发文实施卓越教师培养计划2.0。

2018年9月17日,为培养造就一批教育情怀深厚、专业基础扎实、勇于创新教学、善于综合育人和具有终身学习发展能力的高素质专业化创新型中小学教师,教育部发文实施卓越教师培养计划2.0。

2014年9月9日,习近平总书记同北京师范大学师生代表座谈时指出,"教师重要,就在于教师的工作是塑造灵魂、塑造生命、塑造人的工作。一个人遇到好老师是人生的幸运,一个学校拥有好老师是学校的光荣,一个民族源源不断涌现出一批又一批好老师则是民族的希望。""要加强教师教育体系建设,加大对师范院校的支持力度,找准教师教育中存在的主要问题,寻求深化教师教育改革的突破口和着力点,不断提高教师培养培训的质量。"习总书记的重要讲话从战略高度阐明了教师工作的极端重要性,是当前和今后一个时期教师队伍建设特别是教师教育工作的纲领和指南。

　　教师教育是教育事业的工作母机，有高质量的教师教育，才有高水平的教师队伍。随着我国教师教育体系不断完善，教师教育改革持续推进，教师培养质量和水平得到了提高，但也出现了一些新情况和新问题。一些师范院校不关注基础教育和职业教育的改革发展，关起门来办教师教育，教育教学改革相对滞后，教育学、心理学和学科教学论"老三门"课程内容"空、繁、旧"的问题尚未得到根本解决，教育实践质量不高，教师教育师资队伍薄弱，培养出来的师范生与中小学、幼儿园和中等职业学校的实际需求还存在一定差距。

　　针对教师培养的薄弱环节和深层次问题，教育部印发了《关于实施卓越教师培养计划的意见》，旨在通过实施卓越教师培养计划，推动教师教育院校深化教师培养机制、课程、教学、师资、质量评价等方面的综合改革，努力培养一大批有理想信念、有道德情操、有扎实学识、有仁爱之心的好教师。

一、"卓越教师"内涵解读

（一）内涵理解

　　卓越（Excellence）一词在美国文化中使用的频率较高。在我国，汉语词典中对卓越的解释是指杰出、超出一般。我国通常较多运用优秀一词，优秀在汉语中是"出色、非常好"的意思。"卓越"与"优秀"在中文语境中含义基本相同，但也有一些不同。有人认为：优秀是在和别人相比较中产生的，是在同样的事情上，你做得比别人效率更高、比别人效果更好；而卓越，是一种对自己或者对别人的超越，往往是一种由目标支配的战略境界，一个人只有立非常之事方可称之为卓越。

美国著名哲学家马欣·格林在论述教育改革时，提出对卓越教育的理解。她认为有关教育的"卓越"内涵包括三个方面：第一，卓越的核心在于学生心灵是否成长，而非学生修习课程数量的多少；第二，卓越表现在学生的创造力上，而非消极地听课；第三，卓越来自选择与冒险，而非接纳与顺从。因此，"卓越教师"的培养也应着眼于其心灵的成长以及创新能力和个性的发展。

"卓越教师"一般指杰出的教师，超出一般的教师。具体地说，"卓越教师"是具备高尚师德、较强的创新能力和教育教学实践能力，同时具有良好个性的、从事教育教学工作的专业人员。

（二）角色定位

在一〇三中学教师的眼中"卓越"代表着"卓尔不凡，越而胜己"，即卓越教师就是不断求真、求索，能够自我超越、自我成长的教师，体现"自觉越己，不凡发展"的核心内涵。

自觉越己：强调了对自我的超越。超越自己首先要认清自己，自己想成为什么样的人。

不凡发展：是一种价值取向，强调奋发图强，有远大志向。

卓越教师除了学科本体性知识不断成长之外，还具有丰富的实践性知识和条件性知识，卓越教师总能使成长机会最大化，发挥出自己能力的极限；总能从日常工作中发现问题、认识问题直至解决问题，在问题解决中不断发展、不断超越、提升能力、增强专业性，使他们的教学艺术精湛、教学风格独到、文化底蕴深厚，获得家长、同行以及领导赏识。对卓越教师来讲，更重要的是具有良好的人格品质，他们是和谐仁爱的长者、教育思想的舵手、理智的社会人、终身学习的行动者、教学技能扎实的行家和充盈实践智慧的智者。卓越教师善于与人交往，不但学生接纳、家长放心，而且同行佩服、领导认可、社会敬重。

（三）核心特征

"卓越教师"的核心特征，旨在突出教师工作的专业性。

具有卓越的人格魅力——胸怀教育理想、信念坚定、使命感强，视教育工作为事业，热爱所教学科，工作动力持久稳定，自我调节和完善能力强。

具有追求卓越的勇气——要具备高成就动机，敢于迎接省市区各个部门的任务挑战，表现卓越。包容开放，积极参与课程编制和教学评价，善于反思学习和创新，积累教育实践智慧，教育研究富有成效；能够合理利用和组织学校、社区、家庭教育资源。

具有追求卓越的内涵品质——不仅要具有学科知识内涵更要具有优雅的为师品质，随时展现在各种教学实践及各种活动当中。

具有追求卓越的精神——最主要特征就是追求学生的发展质量，包括人生态度、价值取向、思想品质、行为习惯而非单纯的学习成绩，追求卓越就是更好，就是更上一层楼。

二、教师团队发展经验

一〇三中学作为长春市首批专业发展型学校，2013年，我们就在全市率先启动了教师专业发展型学校建设工程，致力于教师专业发展的探索，从关注学生成长到关注师生共同发展，确立了将学校建设成"学习型学校"的目标。历史是一面镜子，透过它可以清晰地看见一〇三中学教师专业成长的发展与提升。回顾整个一〇三中学教师专业的发展大致历经了以下六个阶段：

（一）反思中起步，合作中提升

随着一○三中学成为长春市改制学校试点、亚泰校区的投入使用和小学部的创建，一○三中学面向全国招聘来大批优秀教师，他们学历层次高、责任心强，各自都已有一定的经验和方法，相对而言彼此之间很少沟通与交流。针对这种发展现状和问题，学校的教师发展强调反思和合作，实施"在学习中丰富，在行动中反思，在合作中共享，在研修中促进"的校本研修策略，通过开展"个人叙事研究""同上一节课"活动，为教师成长搭建交流平台。

（二）关注细节，打造特色

为进一步促进教师发展，打造教师团队，学校教师发展工作进一步强调细节和研究，确定了"三个一"发展策略，即用"关注教育细节"的理念引领教师专业发展，以"团队叙事研究"为载体提升教师专业发展，以聚焦"真实的课堂教学"为主阵地夯实教师专业发展。塑造一批有"影响力"的教学名师，有"知名度"的带头教师，有"教育激情"的胜任教师，有"教育智慧"的个性化教师。学校拟组建雁阵梯级骨干教师备选队伍，以胜任上级教育部门对骨干教师队伍的选拔及认定。同时组建校级骨干教师队伍，以便进行有针对性的培养和学习，为学校的发展牢固柱石。

（三）建构课程，构筑文化

教师队伍进入稳定阶段后，我们针对校本研修无序和低效的弊端，尝试将校本研修课程化体系化，教师发展工作强调研修的规范和高效。在统整原有研修、培训等各项内容基础上，根据教师发展的实际需求，整体规划、构建了三大课程体系、六大课程项目，初步形成具有一○三中学文化特质的教师发展的培训课程。自然、民主、和谐、快乐的课堂教学永远是教师的追求。但在现实的课堂教学中却一直存在着教师教得无味，学生学得无趣，教师教得辛苦，学生学得痛苦的高耗低效的教学问题。为了找到解决问题的有效方法，提高课堂的效率，摸索学生快乐学习的途径，我们从 2013 年初结合自身发展需求，率先全员开展了"生态教育理念下高效课堂教学模式研究"，并于 2013 年 9 月申请立项为吉林省教育科学规划办"十二五"课题子课题，2013 年底进行了开题论证。

（四）利用网络，共享交流

开放的网络平台，平等民主对话、合作讨论的氛围，让每一位教师分享自己的教育智慧，为充分表达、积极反思与提升创造良好的条件。同伴间的交流互动，实现了问题的多点求解、观点的广泛碰撞，真正地实现了教师培训在理念、内容、形式三方面的创新。线上线下网络混合模式在"互联网+"的时代背景下，为体现教师发展的时效和高效，学校教师发展强调交流和智慧共生，学校依据教师能力提升工程的指导意见，制定了发展愿景，逐步形成了"互联网+研修"的混合研修模式。

（五）大学区联动，共同发展

建立多重的校际间、区域间、城乡间、省际、国际的交流网络，让优秀的教学资源在交流中丰富成长。

一〇三大学区以"学区教学管理组织体系"为核心，以课堂教学作为提升教师专业技能的载体，形成三级管理网络，促进学区教师专业成长。

以学区长为核心的大学区管理指挥中心。各校校长共同规划学区整体工作、协调各学校教育资源。通过例会制度让每个成员校参与到学区师培的各项活动中。

以各校教学校长为主要成员的大学区师培和教学管理中心。以促进教师专业发展为核心，以"规范常态、调整思路、扎实落实、创新发展"为主线，做好学区师培工作整体规划的落实工作。通过两层视导，一方面能够解决成员校教学常态管理中的一些问题，另一方面针对学科教师的困惑进行专项指导和教学改进。

（六）骨干引领，辐射带动

以一〇三中学校优质人才资源为依托，联合各校骨干教师，成立的27个学科中心组，以课题为切入点，形成学科研究大团队，设计学科发展、开展教研活动、指导教师教学。加强区内学科教师团队合作，扩大优质教育资源的辐射力。

卓越教育要求教师具有追求卓越的内涵品质，教师有这样的内在需求，学校就要勇于为教师搭建这样满足教师需求的发展平台，为不同发展阶段的教师搭建个人发展阶梯。在统整原有研修、培训等各项内容基础上，根据教师发展的实际需求，进一步完善三大课程体系（基础型课程、拓展型课程、研究型课程）、六大课程项目（学习课程、实践课程、人文素养课程、"双健康"课程、微型讲座课程、叙事研究课程），形成具有卓越文化特质的教师发展课程体系，使研修更具实效性、针对性，为"乐教者"搭建发展平台、为"善教者"创造发展空间、为"研教者"提供发展资源，让教师们在更高的舞台当中去展现自己，发挥自己；让年轻有地方奔放，让经验有地方传授，让风格传扬天下，让卓越奔走四方。使校本研修为教师自觉专业发展搭台唱戏，逐步形成一〇三中学卓越教师文化。

1. 开展学习课程，提升专业素养

学习课程模块包括省、市、区、校四级的指定培训内容以及教师根据自身需要自主学习的内容。

2. 开展实践课程，夯实育人根基

实践课程模块是指常态教学过程中的基本研修以及教师职业操守的规范指导。从教师专业结构发展水平看，教师的专业发展总是从新手、合格教师、成熟教师、骨干教师向品牌教师发展，这是一种从低到高的递进序列，每一个台阶的跨越固然是教师自身内在的因素起决定性的作用，但是学校的督促和帮助等外在因素起积极的促进作用。根据实际发展的要求，我们以分类、分层的方式建立注重教师专业发展规律，适合不同层次和不同发展阶段教师成长的实践类课程。提升骨干教师的"名师论坛"、培养中青年教师的"名师高徒"以及青年教师磨砺课，有针对性地使各层次教师都得到发展和提升。

3. 开展人文素养课程，打造精英团队

人文素养课程模块是以"仁义礼智信"为基本内容，是提升教师人文素养的培训课程。包括言语谈吐、礼仪风范、教学风度。

4. 开展"双健康"课程，争做阳光教师

"双健康"课程模块是以关注教师身体健康和心理健康为主要内容设置的培训课程。

5. 开展微型讲座课程，提升教师研修能力

微型培训课程模块是指骨干教师或研发团队针对教学实践中遇到的重点、盲点、热点、难点、疑点的细微问题，开展的深层次的研修课程。以"微型讲座—教学案例—反思感悟—互动探究"为课程操作模式，既帮助培训者囤积并编织着属于自己的教育"独特个性"与"风格"，亦更新了受训者的教育教学观念，提升其解决教育教学实际问题的能力。

6. 开展叙事研究课程，提炼教育教学主张

案例课程模块是针对教师在教育教学过程中典型案例，进行反思、剖析和再实践的叙事研究课程。引领教师研究要"关注工作细节、记录真实问题、斟酌提炼问题、分析研究实践"，实现了对教育案例的再追问、再思考、再实践。教育教学出现了智慧化、精确化和完美化的发展趋势。教研活动同步，完善大学区集备制度、网络备课平台建设，采取集中备课与个体备课相结合、面备与网备相结合的方式进行，深入探索切实可行的大学区学科团队网络备课模式。开展好三个一课、寻找生态细节、研究团队课晒课、小课题研究、组课等主题教学研讨活动，全学区600多

名教师全部参加到研讨活动中。活动过程中积累了丰富的系列研究成果。

微创新案例系列成果

《多变的天气》第1课时教学案例

长春市第一〇三中学校　陈丽丹

一、案例背景

《多变的天气》是人教版初中地理第三章第一节的内容，该部分内容比较抽象，且需要当堂理解记忆的内容比较多。本节课作为全章的入口，是学好本章关于天气与气候相关内容的基础，对于日后学习气温、降水、气候，具有非常重要的意义。

学习本节内容的学生刚从小学升入初中，大多处于十二三岁的年纪，这一年龄段的孩子好动、好奇、好表现，抽象思维与空间思维能力还比较弱，学习的专注力持续时间短，注意力很容易分散。

在用以往常规的教学方法讲解本节内容时，教师常用讲解法、图片展示法、举例分析法等教学方法，教学环节的设置比较沉闷、老旧，对于天气符号的识别、风向标的判别与使用等方面，学生还存在着一定的学习障碍，大部分学生通过当堂课的学习，很难把天气符号的所有内容全部掌握并灵活运用。

为了提高课堂的学习效率，提高学生学习的兴趣，我在设计本节课时运用了一些信息技术手段来支撑课堂教学，帮助学生理解知识并学会灵活运用。

二、案例内容

（一）明确学习目标

1.知识与技能

（1）能区分"天气"和"气候"的概念，并能正确运用。

（2）能识别常用的天气符号，能看懂简单的天气图，初步了解天气预报的相关知识。

2.过程与方法

借助多媒体设备，从猜谜语入手，激发学生学习兴趣；通过举生活实例，引导学生区分"天气"与"气候"，学会描述天气；借助动画让学生认识常用天气符号，组织自主学习、合作交流，熟悉常用天气符号，认识卫星云图。

3.情感态度与价值观

学习对生活有用的地理知识，学以致用；通过了解人类活动对大气环境的负面影响，使学生认识环境保护的重要性，提高学生的环境保护意识；根据教学目标，梳理学习内容。

主线主要有两个方向：一是区分概念；二是识别常用符号；三是运用符号了解天气。

（二）明确学习内容，设置三个学习任务

任务1：区分"天气"和"气候"的概念，并能正确运用。这一学习任务从学生自学入手。学生通过自学初步判定"天气"与"气候"的概念，教师协助梳理，通过列表，从三个维度来区分天气与气候的概念，即时间、特点、范围。二次巩固，加深理解。然后进行概念区分练习。讲练结合，边学边巩固边运用。

任务2：识别常用天气符号。该任务的学习主要借助动画来完成。先向学生展示并分析16个常用天气符号的特征及表示方法、风向标的表示及规律，然后通过小组合作进行填图大比拼，最后进行班级内个人能力的比拼，在游戏中将知识内化。

任务3：我当天气预报主持人。利用天气预报演示平台，让学生将所学天气符号运用到天气预报中，学以致用。将知识融入游戏，从而激发学生学习兴趣，提高课堂效率。

三、案例感悟

通过本节课我看到了很多学生对地理学习重拾了兴趣，授课中的课堂气氛很活跃，学生在各个环节的参与程度较高，在每个学习任务后的跟随练习中，可以看出学生对知识内容的掌握达到了预期的效果。

做一个好的课堂设计者，让孩子们在玩儿中学，乐中学！这是我不断追求的目标，也是我一直前进与努力的方向！

"Do you like bananas？"教学案例

长春市一〇三中学校　郑楠

2019年10月，我又任教七年级的英语教学，在第六单元"Do you

like bananas？"的教学中，我使用了东师理想的教学软件。我讲授的是人教版教材新目标七年级上第六单元，通过本单元的教学，使学生学会询问对方及了解别人喜欢与不喜欢的食物，学会谈论自己与他人早、中、晚餐喜爱吃的食物。本单元的主题是使用动词like询问对方对食物的喜好；谈论自己与他人喜欢吃的食物，学习并掌握行为动词的一般现在时的使用。通过前一单元的学习，学生已经初步了解了行为动词一般现在时的构成及其使用，再通过本单元学生比较感兴趣的话题的操练，会使学生有更深刻的印象。

首先，我采取导入课题，温故食物单词。将学生成长共同体分为两大组，采用鼓励机制。教师运用flash软件展示食物图片，引导学生读和写单词，进行小组评比。每组选出一名同学，根据其他学生读出的单词，将单词写在黑板上，最终进行评比。利用flash动画展示图片，刺激学生视觉感官，激发学生学习兴趣。

随后通过小组合作形式进行课文学习。导入本课课文，提出问题，引导学生带着问题读课文。学生结对读课文，小组讨论与课文相关的三个问题。

然后，进行任务驱动，提高表达能力。引导学生完成饮食习惯调查，引导学生利用flash软件流利表述调查成果。学生小组合作，借助flash软件完成对自己及他人的饮食习惯的介绍。利用flash软件，增强学生动手操作能力，提高学生的学习热情。

最后，小组交流，延伸拓展。引导学生将20种食物进行健康与不健康食物分类，熏陶学生的饮食习惯。学生小组讨论，将食物进行分类，并且讨论分类的理由。利用flash软件，增强学生动手操作能力，培养学生的实践能力。

关于作业布置，引导学生将自己及他人的饮食习惯写成小作文，并发布于网站上或QQ群中，以便同学间交流评价。

"Do you like bananas？"这节课是在学科平台上进行的，整堂课根据生态课堂理念，以英语教学目标为主、数字化的资源为辅，在这篇课文教学中赋予充足的时间由学生自主学习，由学生自己去提问、去描述、去交流，大大提高了英语的学习效率，提高了学生学习英语的兴趣，让学生成为课堂的主人,体现了生本课堂,把课堂还给学生。通过任务驱动和数字化教学的结合,让学生更积极地思考,激发了学生的学习兴趣,促进了学生思维的培养。通过本节课的教学,我觉得我们教师要充分将生态课堂理念与信息技术的数字化相结合来提高课堂效率,优化教学效果。生态课堂,对教师和学生都是挑战,思深则透,思透则新,思新则进!我会更加努力地去探索、去创新。

遵循循序渐进原则　实践美术教学"微创新"

长春市第一〇三中学校　吴微

随着《中国学生发展核心素养》总体框架的发布和美术课堂教学观念、方法和内容的不断改革,"发展美术核心素养""增强学生课堂主体参与意识""以学生为本"成为当前课程改革的热词,在初中美术课程的教学中遵循"循序渐进"的教学原则,已逐渐被老师们所采纳和接受。但在教学实施和执行过程中,一部分教师依然会按照教材,采用依葫芦画瓢的表层式渐进教学,让学生对照教材要求按部就班,实施"递进"教学,这种教学方式不是循序渐进的教学模式,只是用了教材的内容,少了老师的主动引导与精彩的课程生成。循序渐进的教学不能按部就班,不能有拿来主义思想,需要体现教者智慧地"教",带领学生智慧地"学"。

在初中美术课堂中开展循序渐进式教学并不简单,它应该是动态和发展的,指向学生最根本的能力发展,指向学生核心创造力的发展。美术课堂的循序渐进式教学一定要发挥教师的主观能动性,在实施教学过程中,我们可以尝试采用不同策略以辅助教学,有的放矢推进教学任务,使教学过程更为扎实,教学效果潜移默化发生改变,实现美术课堂教学"微创新"的成效。

一、遵循由易到难原则,提出"微问题"

遵循渐进教学是以学生的现有技能和逻辑起点为基础,以孩子的认知规律为前提,教学由易到难,逐步引导孩子在不断探索和发现中解决问题。这对于理解能力稍弱、动手能力稍差的孩子更有利,他们可以在不断地学习和实践中逐步理解，有一个较好的感受实践、理解知识的过渡过程，这样他们对所学知识和实践技能的接受不会出现顿挫感和疲惫状。

二、夯实技能为基础，实现课堂"微研究"

美术课程的教学互动基于"做中学"和"学中做"，具有很强的实践性。绘画技能的掌握，如果知识是老师的单项输出，让孩子一味地模仿临摹，那培养的学生只是工匠，缺少创造力。反之如果通过点拨提升的方法，引导学生明确所学知识，探究掌握知识技能的途径，授之以渔，这样学生掌握的绘画技能既扎实又灵活，这样的学生才有创造的智慧和灵魂。

三、借助现代多媒体，高效辅助"微创新"

随着科学技术的发展，各种现代化教学手段纷纷进入教育教学领域，为传统的教育教学注入新的活力，为提高课堂教学效率和质量提供了现实的可能性，也为学生创新能力的培养打下了坚实的基础。

投影演示，有效掌握"微技术"，实物和图像演示是美术教学中最常用和高效的辅助方法，因为它便捷，操作又能"随心所欲"，因此，老师通常利用实物投影，根据学生学习的情况，对作品进行放大或缩小演示，同时动态捕捉教学中的闪光点或问题点来生成课堂内容，信息技术的灵活运用使得学生对所学技能掌握得更牢固。

新课标下美术课程务必夯实扎实的教学根基，培养学生创新的能力和素养，我们必须遵循循序渐进的原则，通过"慢"而"微"的教学变革，以渐进式的微小改进、递进式的增值服务，逐步实现"微创新"的目标。

实现"微创新"，要求我们不断在细微处着力，重视教材研读与拓展开发，在渐变中谋取变化、发展和进步，在逐步推进学生能力发展的过程中，我们只有守得住"细雨润无声"的寂寞，在一点一滴的潜移默化中，由量变到质变，聚合出惊人的效应，才会将孩子带入"柳暗花明又一村"的境界，从而推动美术学科的出新和进步。

三、教师团队提升思路

（一）教师队伍基本情况

目前，一〇三中学校有4个校区，教育格局进一步扩大、教师队伍进一步壮大。学校在编教师共计324人，合同制137人，共计461人。45岁以下中学教师占58%，其中硕士研究生约占11%，各级骨干教师共108人，省学科带头人、省级骨干教师、教学精英26人，有各级教学能手新秀55人，科研型骨干教师40人，区级以上优秀教师92人。学校教师年龄结构相对合理，中年青年阶梯式薪火传递，具有较为广阔的视野和敏捷的思维，已经形成了一支团结协作、进取创新的教师队伍，为学校的发展不断奋进。这样的发展基础对一〇三中学来说既是发展优势，也是压力和挑战。自2017年成为生态教育基地校，在专家指导和学校文化的梳理过程中，我们把新时期教师发展定位为卓越教师的培养，思考卓越教师队伍建设新思路。结合教师发展现状与特性我们把发展的宗旨定位为追求卓越，做豪迈的一〇三中人，旨在培养造就一支师德高尚、业务精湛、结构合理、充满活力的卓越教师队伍。

（二）教师队伍建设方面的优势与不足

在"追求卓越"学校文化的引领下，教师们爱岗敬业、乐于奉献、严谨治学、团结互助的精神引领青年教师不断成长。入职三年的青年教师基本可以把学校的理念和文化融入自己的教学中去。学校通过师徒结对的方式，由骨干教师一对一地对青年教师进行跟踪指导，从而使青年教师迅速成长为学校的骨干力量。

教师队伍也存在一些发展的需求亟待学校解决。如教师队伍老龄化严重，教育思想观念落后，出现职业倦怠的现象；部分青年教师自我成长的动力不足，教学经验不足，急需快速成长。基于以上问题，我们考虑采用量化考核、技能大赛等方式激活老教师、青年教师积极向上的动力。

（三）教师队伍建设的指导思想

按照"按需施训、务求实效"的培训原则，继续深化教师育人为本、德育为先的理念；提高青年教师学科知识、教育理论与实践相结合的教学实践能力；让青年教师尽快适应"生态课堂"的教学改革，尽快步入生态化课堂教学；深化课堂教学改革，提升青年教师专业化水平。

培养理念：在对"卓越教师"成长规律和教育教学规律充分认识的基础上形成的观念体系，培养应树立师德为先的理念；培养应树立以实践能力为重点的理念；培养应树立个性化培养的理念。因此，在"卓越教师"的培养中，要创新培养路径，突出个性化培养理念，积极开展教学内容和方法的改革，让教师有自由探索的时间和空间，从而实现他们每个人的"卓越"。

总体目标：主动适应国家经济社会发展和教育改革发展的总体要求，坚持需求导向、分类指导、协同创新、深度融合的基本原则，针对教师培养的薄弱环节和深层次问题，深化教师培养模式改革，建立学校与地方政府、中小学（幼儿园、中等职业学校、特殊教育学校，下同）协同培养新机制，培养一大批师德高尚、专业基础扎实、教育教学能力和自我发展能力突出的高素质专业化中小学教师。各地各校要以实施卓越教师培养计划为抓手，整体推动教师教育改革创新，充分发挥示范引领作用，全面提高教师培养质量。

教师的专业发展是教师个人精神追求的不断进步、专业能力的不断提升，应当与教师个人的职业身份建立密切联系。教师从开始教学，到逐渐成熟，最后形成独特的教学风格，成为风格型教师，是一个艰苦而长期的教学艺术实践过程。这个发展过程可以按照教师教龄分为若干发展阶段：青年教师入格阶段（工作1—3年）、成熟型教师上格阶段、优秀教师风格培养阶段，确立不同阶段的发展重点，即学校的"卓越教师三格培养思路"。

近年来，随着我校办学规模的扩大，学校新进了一大批青年教师，这批教师是我校师资队伍的后续力量，可塑性强，发展潜力大，是〇二中学的希望所在。为了适应新世纪教育形势的发展，使这一批青年教师在各方面尽快成熟起来，按照教育改革发展纲要的总体要求，结合我校青年教师的实际，围绕思想信仰、敬业态度、操守德行、学问修养、业务能力、管理水平诸方面，努力开展以理想、责任、敬业、奉献为主旋律的师德师风教育活动，开展业务培训,全面提升青年教师的思想水平、道德修养、学科素质、工作技能、科研能力、实践与创新能力，努力建设一支综合素质优良、思想稳定、富有活力和创新精神的青年教师队伍。塑造卓越教师：激发教师发展内驱力，具有追求卓越的精神；培养教师具有卓越的目标和勇气；具有卓越优雅的内涵品质；形成具有卓越的教学质量表征，实现教师自觉越己，不凡发展。

（四）教师队伍建设目标

打造卓越团队：注重骨干教师和年轻教师的培养，组建三层联动"雁阵"发展团队，为"乐教者"搭建发展平台、为"善教者"创造发展空间、为"研教者"提供发展资源，全面提升教师素质。形成一批有"有影响力"的教学名师，有"知名度"的带头教师，有"教育智慧"的个性教师，有"教育激情"的胜任教师，造就一支师德高尚、业务精湛、结构合理、充满活力的高素质专业化教师队伍。

基于这样的培养目标，我们遵循着尊重性、发展性、整体性、个性化原则，共同规划卓越教师培养思路和框架。

总体目标：一年打基础，二年达到称职，三年达到胜任，五年成为校内骨干教师，七年以后步入区市骨干教师或名师行列。

通过加强青年教师的理想信念教育和职业道德规范教育，使青年教师的思想政治素质和职业道德水准有较大提高，树立正确的世界观、人生观、价值观，增强事业心、责任感和敬业精神，做到爱岗敬业，教书育人，乐于奉献。

通过对青年教师进行业务培训，使青年教师做到"六个提高"：一是教育教学理念提高，二是专业知识水平提高，三是课堂教学技能提高，四是运用现代教育技术水平提高，五是教育创新能力提高，六是教育管理水平提高。

（五）教师队伍建设的基本原则

尊重性原则：尊重教师（尊严、专业性、需求）、服务教学（实践、研究）、促进发展、提高质量。

发展性原则：为"乐教者"搭建发展平台、为"善教者"创造发展空间、为"研教者"提供发展资源。

整体性原则：学校各层面教师共同体发展。

个性化原则：支持教师大胆探索，创新教育思想、教育模式、教育方法，形成教学特色和风格，营造教育家脱颖而出的环境，提升"生命质量"。

四、教师队伍建设培养模式

（一）教育引导，加强管理

培训内容包括教育法律法规和政策、教育教学理论与实践、教育科研基本知识、师德修养、提高教育教学质量的策略与方法、班主任工作、现代教育技术、心理健康教育与教师心理素质提高等内容。培训师资多渠道。可以请外面的专家讲学，也可以请本地、本校的优秀教师作讲座。教科室制定出学年培训计划和行事历，落实师资、内容、时间和场地。

培养良好的自我学习习惯，每学期至少要读一本教育、教学理论书籍，要做好读书笔记，并写出心得；每学期至少要到图书馆借阅五册以上的图书。

（二）反思交流，完善自我

每周在教案中写好教学反思。反思内容字数不限，重在记录感悟，总结得失。

（三）教学相长，携手共进

在原师徒制的基础上，做好对师傅、徒弟工作的考核，对优秀的师傅和成长快的徒弟给予奖励。

（四）体验互动，实践感悟

青年教师任班主任者，接受被指定的有经验的班主任帮带指导；未任班主任者，均担任一个有经验的班主任的助理，见习班主任工作；或者担任寝室管理、兼职心理健康辅导工作。时间均为两学年，两年期满后，经考核不能胜任的，要继续培养。

每年组织一次青年教师转正课。鼓励青年教师主动向学校提出申请，在指导教师的帮助下上好转正课。组织青年教师相互交流，探讨教学体会、畅谈教学感受、倾诉教学困惑、研究解决方法、介绍成长经历；或就某个专题开展讨论，发表自己的见解，学校给他们创造学习和展示自己才华的机会。开展系列活动，促进教师成长。

学校组织青年教师外出参观学习、听课评课、对口交流等活动。

召开座谈会：召开学生座谈会，听取他们对任课青年教师的意见，并及时将意见反馈给教师；召开青年教师座谈会，听取有关学习、工作、生活方面意见，总结交流教学实践中的得失、体会、业绩；指导教师、行政领导研讨会，就青年教师培养工作专题进行意见交流，总结经验，完善培养措施。

建立档案：专项教学档案包括青年教师的听课笔记、评课记录；汇报课、调课、示范课的评课内容；青年教师参加培训的有关情况和成绩等；各项检查考核评估结论及其记录。

通过系列的教师培训活动，使青年教师在实践中不断反思、在反思后不断实践的过程中迅速成长。为我校骨干教师又注入了一批新的力量。

为了发挥骨干教师的辐射引领作用，带动青年教师快速成长，形成老、中、青年教师阶梯式发展；为了让教师不断更新教学理念、掌握新的教育技术手段和教学方式，我校建立了"123456全景式"卓越教师专业培养框架。

我们希望形成相对完备的卓越文化下的教师专业发展内部环境，建立健全以促进教师专业发展内驱力为主要目的的卓越教师发展管理制度。梳理形成"123456全景式"卓越教师专业培养框架，紧紧围绕"一个核心"、完善"二项机制"、实施"三格培养工程"、贯彻"四个动作"、落实"五个一"、创新"六项课程"打造卓越教师团队。

"一个核心"：以教师持续发展愿景作为教师发展核心。教师的持续发展力对于一个教师的成长是至关重要的。教师的教学一定要符合时代对人才培养的要求，当今时代知识更新的速度很快，要求未来人才要有不断进行自主学习的能力。依托东北师大专家教授团队，对教师专业发展团队提供科学有效的指导，充分利用各级培训为团队组织者提供培训学习的机会。要定期组织召开教师专业发展团队建设经验交流会，通过优秀教师专业发展团队评比、活动展示等方式主动搭建平台，提升教师专业发展团队的影响力，推广团队建设先进经验。教师培训制度是教师教育一体化师资队伍建设保障机制中的一个重要组成部分。教师学习培训制度应该将校本研修、远程网络、送培下乡、学区交流等不同的培训模式结合起来，积极运用远程培训、校本研修、顶岗置换研修等不同的形式，使培训的实效性和针对性得到增强。

"二项机制"：完善卓越教师发展机制和激励机制。建立健全以促进教师专业发展内驱力为主要目的卓越教师发展管理制度。部分教师出现了职业倦怠的心理，自我发展的内驱力不足，需要学校建立奖励机制，激发教师发展的内驱力。通过奖励机制的建立，教师之间呈现出竞争的状态，激发了教师积极进取的向上的动力。制定考核办法，完善考核机制。从师德建设、组织管理、活动开展、成就效果、创新实践等方面，定期对所有教师专业发展团队，进行全面考核和动态管理，对于成绩突出、连续考核优秀的团队成员，在评先树优等方面给予倾斜，对不能正常开展活动、管理不善的给予注销处理。要适时评选表彰优秀教师专业发展团队，对特色鲜明、成效明显的团队给予适当资助和扶持，树立典型，充分发挥典型引路作用，构建促进教师专业发展团队建设的长效机制。

"三格培养工程"：学校重视"三格培养工程"，由"新教师入格培养、中青年教师上格培养、骨干教师风格培养"组建三层联动雁阵发展团队。

新入职教师教学经验不足，课堂管理及学生学习心理把握不好；中青年教师由于已经具备一定的教学经验，容易出现因循守旧、停滞不前的问题。为此我们开展了"三格培养工程"。青年教师在骨干教师示范和一对一跟踪指导下，成长迅速。

信息时代对教育不断提出新的要求，教师的教育理念也要不断更新。因此终身学习是这个时代每个人都离不开的话题。为此我校开展了"订单式培训"，根据教师们的需求开展针对性培训。

"四个动作"：一培——创新校本培训形式，实现教科研与培训工作相结合、团队发展与个人成长相结合、网络研修与校本培训相结合。通过多维培训，引领教师学习、思考、探索、总结、提升；二帮——学科团队互助，共同提高；三导——建立教师成长导师制度。从年龄上和管理工作能力上实行新老搭配；专家指导和校内名师带徒相结合。四动——组织开展"团队读书""教育大视野"等培训活动。通过这些培训更新了教师的教育理念，使教师的教育理念与时俱进。

"五个一"：为教师队伍发展开拓的五个路径包括专家与机构引领、网络社群交流（泛在学习）、课题驱动研修、访学交流研修和学区读书交流，旨在通过新路径的探索，提高教师队伍学习力的整体提升。

"六项课程"：构建搭稳卓越教师专业化发展平台。六大课程项目包括学习课程、实践课程、人文素养课程、"双健康"课程、微型讲座课程、叙事研究课程。

教育科研，理论先行。搞好教科研，必须站在一定的理论高度，用理论来指导实验。我们组织教师认真学习了杜亚丽博士的《生态课堂教育理论与实践》、钟启泉《课程与教学论》、张玉名《组织合作学习和创设教学情境能力培养与训练》、梅里尔·哈明《教学的革命》，以及新课程理论，用以转变教师观念，确立构建新的课堂教学模式的新理念。2013年初组织课题组成员参加了南关区组织的杜亚丽博士的《生态课堂教育理论》专题报告。我们还与名师对话，先后聘请省教育学院中学部宋胜杰主任、程明喜教授为学校全体教师进行了课题相关内容的培训，组织教师参加华东师大举办的课题培训班等。

（五）一〇三中学雁阵式梯级驱动卓越教师团队——校级骨干教师队伍建设

为了激发教师发展的内驱力，塑造一批有"影响力"的教学名师，有"知名度"的带头教师，有"教育激情"的胜任教师，有"教育智慧"的个性化教师，学校拟组建雁阵式梯级骨干教师备选队伍，以胜任上级教育部门对骨干教师队伍的选拔及认定。同时组建校级骨干教师队伍，以便进行针对性的培养和学习，为学校的发展牢固基石。

遴选原则：工作两年以上至年龄40周岁以下（含40周岁），遴选校级骨干不低于学科人数的35%。坚持公开、公正、竞争、择优；坚持师德一票否决制；已认定的省市级骨干教师及学科带头人直接认定。

遴选条件：

1. 具有良好的师德和奉献精神，全面贯彻党的教育方针，积极探索当代教育发展规律，积极进取，勇于创新。

2. 学科基础理论和基本技能扎实。熟练掌握学科课程标准，积极参与教育教学改革实践，并取得一定的研究成果和工作经验，在学校本学科或专业范围内有一定影响。

3. 积极参与区域或校本培训活动，近3年内在校级（含）以上教科研交流活动中做研讨课、汇报课或做发言交流。

4.有以下行为者优先：积极承担或参与区级（含）以上科研课题研究，并有自己的研究成果（以结题证书和科研成果类奖项为准）。在市级（含）以上刊物上发表过教育教学论文、教学案例、课题研究报告等。

（六）优秀教师风格培养

为了推广并全面践行生态理念下"卓越课堂教学"模式，提升"卓越课堂教学"品质，整体提升一〇三中学教师专业化队伍教学质量，鼓励中青年教师继续探索"卓越课堂教学"的课改之路，并帮助新进教师快速熟悉我校"卓越课堂教学"模式，以赛促培，尽快参与到"卓越课堂教学"的构建之中，发挥睿智勇于创新，特进行"卓雅杯""卓越杯""卓尔杯"名师教师选拔。

"卓越杯"——工作5年以上，年龄在50周岁以内。

"卓雅杯"——年龄在35周岁以内，工作2年以上不满5年。

"卓尔杯"——年龄在50周岁以上。

评选形式：

入围赛——"每人一课"：结合常态化校本研修活动——每人一课（50周岁以下），在学年备课组自行展开，每备课组通过每人一课，分别推选入围"三杯"赛。（语文、数学、英语、政治、历史、地理、生物、体育学科按照标准以学年备课组为单位推荐；音乐、美术、微机、综合、心理等学科以校区为单位各推荐一名入围）

决赛——入围赛选手参加"卓雅杯""卓越杯""卓尔杯"。

"卓雅杯""卓越杯"以打分制决出一二三等奖；"卓尔杯"以评课表现评出奖项。

对"卓雅杯""卓越杯""卓尔杯"获得者表彰奖励。

竞赛内容及要求：

1.本次大赛必须是在生态理念下"卓越课堂教学"模式下展开，否则一票否决。

2.课前三分钟小课程要求：体现课前教师辅导——内容精炼，演讲者表现精当；内容要能够融入新课程授课当中；十分注重实践观念。

3.教学目标准确合理，体现三维；学生能够清晰地了解本节课的学习目标。

4.要合理利用任务单教学，体现重难点突破时问题化学习的方式方法。

5."学、导、研、习、拓"教学流程当中，重要环节的表现，要具有借鉴意义。

6.能够将工具、学具、电教媒体或设备、信息化融入教学当中，突破重难点，促进师生、生生互动学习。

7.体现出合理多样的学习方式，无论是自主，合作，还是探究学习，没有强硬痕迹。

8.重视教学目标的检测与达成。

目前，学校教师队伍呈现出一个由占教师总数8%的名师、带头人、精英教师带头，占教师总数的30%的各学科骨干教师为中坚，广大优秀青年教师为基础的金字塔梯队结构，为全面实施素质教育和学校的持续发展提供动力。学校组织教师们一起梳理总结自己的教学经验和体会，撰写论文，形成了丰富的研究成果，从而与其他教师进行交流分享。以下为几篇典型的论文的案例。

学以致用，让数学活起来
——培养学生应用意识和创新学习能力的研究体会

学习的根本目的在于应用。数学教育要教给学生的不仅是数学知识，重要的在于培养学生应用数学的意识，提高学生解决实际问题的能力，并具有创新的精神。本文就培养学生的应用意识进行探讨，以期能够改进中学数学教学。

一、问题提出

当今，人类已经进入以计算机、网络、数码、光纤和多媒体为主要标志的信息时代。无论是科学技术的发展，还是经济全球化的进程都将越来越快，国家与国家之间的竞争势必越来越激烈。而国家之间的竞争说到底是人才竞争，尤其是具有应用意识、创新能力、能够解决实际问题的应用型创新型人才。如何培养真正具有竞争力的应用型创新型人才

卓越教育实践与探索

是时代对我们提出的新的要求。显然传统的只应用黑板和粉笔的教学环境，只重知识训练不重视能力培养的教学模式和教学方法，已经不能完全适应时代的要求，改革创新势在必行。

数学在现实世界中有着广泛的应用，现实生活中蕴涵着大量的数学信息。无论从数学的产生还是从数学的发展看，数学与现实生活都有着密不可分的联系。数学推动了数字化社会的发展，推动了科学的纵深发展，它被广泛应用于现实世界，也就是说只有学生将数学与生活联系起来，才能切实体会到数学的应用价值，学生学习数学的积极性才能够真正被激发。现实世界有许多现象和问题隐含着一定的数学规律，需要人们从数学的角度去发现，去探索，去寻找解决策略。一个缺乏应用意识的人，会对这些现象和问题视而不见，当然更谈不上有什么发现。我们要培养的不全是只研究纯数学的科学家，而绝大部分应该是能够运用数学思维去解决实际问题的应用人才。只有让学生具有应用意识，才能为知识的应用找到生长点，才可能拓展，也才有可能进一步探索其应用价值，体会数学的应用价值。因此在中学数学教学中注重培养学生的应用意识就显得尤其重要。

二、现实教学在培养应用意识中存在的问题

1. 能力观存在片面性

尽管中学数学新课程标准中提出的教学目标中包含了"基础知识、基本技能、基本思想和基本活动经验"等方面的目标，但是实际教学中，学科知识和数学技能仍成为学生学习的最重要目标和关注重点，过分强调"双基"学习，从而导致学生发展的失衡，独立获取知识能力的失衡，我们作为教师不仅要考虑到学生对现有的知识的学习效果，也要着眼于学生终身学习的能力的培养。在数学学习中过度进行以应试为目标的习题训练，强化了数学学习中的学科中心地位与应试功能，而忽视了数学课程对每一位学生都应具有的教育功能，忽视了培养学生发现数学知识、应用数学知识解决实际问题的能力，从而导致许多学生对学习数学缺乏兴趣。另外，数学教学中注重培养的是逻辑思维能力，教师教给学生的就是从思维到思维，从逻辑到逻辑，不注重应用能力的培养，导致学生用数学的意识、用数学的能力不能适应未来发展需要，也不能在应用中得到进一步的拓展。相信在"用数学"的过程中学生才能将知识进一步形成自己的"方法",使知识得到进一步升华。

2. 数学教学脱离社会实际

教学过程中,注重"纯粹"技能技巧的训练和题型教学,忽视了实际应用,脱离了社会实践。现在学生忙于学习,接触社会实践的机会相对较少,即使一些成绩非常好的学生,拿到简单的实际应用题也会不知所措。而现实这个数学越来越被广泛应用的社会,学数学而不懂应用,也就失去数学学习的意义。许多学生认为"数学就是纯粹的解题,就是通过一个数学方法得出一个单纯的结果",不知道"数学是过程、是活动,学数学就是做数学,就是去解决一个问题、获得一种体验"。实际上,现在数学与社会的联系越来越紧密,应用性越来越强。我们要让学生知道数学的应用价值,树立应用意识,能够形成解决日常生活工作中的数学问题的能力,学会用数学的视角去看待生活中的问题,坚信很多是应用数学方法能够解决的,并形成正确的数学态度。

3. 教学中应用性的内容缺乏

在中学数学教学中,过分追求严谨的逻辑思维和严密的解题步骤,注重了概念表述的精确,而忽视了其实质和存在的背景,忽视了概念发生、发展的过程和反映的基本事实和现象。教学中对学生解题步骤形式化和严密性的要求,使学生谨小慎微,许多生动活泼的思想被扼杀。另外,教学内容偏繁、偏难,大量繁杂的数字运算、代数式运算、几何证明与计算以及繁多的课内外练习题,刻意追求解题方法、解题技巧,仅仅是为解题而解题,不注重知识的实际应用,这种教学已不再适应当今社会对数学教育的要求了。

4. 联系学生个体经验教学的机会较少

很多学生的学习都是被动学习。数学教学往往是老师在讲台上从上课讲到下课,实际满堂灌,留给学生自己去思考、去探索、去实践的空间很少。学生知识的获得主要来自老师的讲授,很少学生通过自己的活动和实践来获取知识。学生只能通过死记硬背去掌握知识,可是他们却不会应用,不能主动去收集、分析和解决问题。学生把老师当权威,不能也不敢去怀疑、去批判,从而失去自己动手去实践、去发现的机会,只能死钻课本，"死读书，读死书"，不懂得把数学应用与实际生活相联系，不会把实际问题数学化，从而偏离了数学学习为了应用这一根本目的。

三、应用意识培养的影响因素

1. 数学知识的特点

知识是人对客观世界认识的世界，就个体而言，知识是以经验的形式存在于人脑中。人类的知识源于人的直接经验。数学理论知识就是丰富的生活实践，经过积累、归纳、筛选、提炼、升华而成的。事实上，数学科学的许多重要理论都是因应用而产生，为应用而发展起来的。学生学习的就是人类现成的知识，也就是前人的直接经验，通过消化、吸收而为己用。学生不可能完全了解所学前人的经验当初所呈现的形式及其研究手段。在数学学习中，学生所学的数学知识很少以创造者当初所用的形式出现，它们已被浓缩了、升华了，隐去了曲折、抽象、繁杂的数学化过程，呈现出整理加工过的严密、抽象的数学结论。我们教学工作的一个重要任务，就是尽可能生动活泼地从符合学生心理的特定世界中挖掘数学知识，让学生亲自参与"知识再发现"的过程，经历探索过程的磨砺，汲取思维营养，从而为多彩多姿的数学应用做好必要的准备。

2. 学生数学学习的特点

中学生开始对"有用"的数学感兴趣，开始尝试用自己所学的知识去解决实际生活中遇到的问题，因此对与自己直观经验相冲突的现象，对"有挑战性"的任务感兴趣。有效的数学学习来自学生对数学活动的参与，只有学生真正对所学数学知识感兴趣，才能学好数学。学生学习的过程就是一个建构的过程，他们对知识的掌握大多数建立在自己的个体生活的实际经验上。所以我们除了让学生关注数学的用处外，还应当给学生经历"做数学"和"用数学"的机会，使他们能够在这些活动中表现自我，发展自我，从而感觉到数学学习是有趣有用的活动。另外，中学生已经具有一定的思维水平和抽象能力，我们在培养学生的应用意识时，既要考虑学生的实际情况，又要逐步地提高学生的应用能力。

3. 数学评价体系对培养应用意识的影响

评价方式对学生的数学学习有着很强的导向作用。如果能够多出现一些密切联系实际的试题,多出现一些取材于学生生活实际的试题,不仅可以让学生体会数学在生活中的广泛应用,而且可以激发学生数学学习的兴趣、培养学生数学应用的意识。

四、在数学教学中培养学生的应用意识

1. 加强基础知识和基本技能的训练

培养学生的应用意识,提高学生应用数学知识解决实际问题的能力,并不是要削弱基础知识和基本技能的教学,相反更需要加强这方面的训练。因为掌握必要的基础知识和基本技能是激发学生的应用意识与创新意识不可或缺的基础,是培养应用能力与创新能力必不可少的铺垫。众所周知,任何一个实际问题,要想从中发现其本质,建立起数量关系,转化成数学问题,若没有扎实的数学基础知识、基本技能和必要的数学思想方法都是不可能的。由此可见,学生的知识越丰富,"潜知"积累越多,产生能力的基础就越雄厚,应用意识和应用能力也就越强。丰富的知识和技能有助于人们闻一知十、触类旁通,有助于提示事物之间隐藏的共同点和内在联系,有助于问题的解决。随着数学技术化的日益发展,数学已成为人们在生产和日常生活中所必备的技术手段和工具。推理意识、抽象意识、整体意识、量化意识、数学化意识等数学意识已经成为人们分析问题和解决问题的基本素质,而这些基本素质的具备都有待于数学基础知识和基本技能作为坚实的后盾。因此为了培养学生的应用意识和应用能力,必须加强基础知识和基本技能的训练,这是培养学生的应用意识和应用能力的内在要求。

2. 重视知识发生发展过程的教学

数学源于实际,数学的发展主要依赖于生产实践。因此在讲授新知识时,教师应尽量从生产生活的需要、知识发生发展的过程引入新课。

(1) 提供数学知识的"原型"

教学真实地反映着实践中某方面的关系,学习数学要善于在实践中寻找"原型",获得启发。例如告诉学生人类的几何观念首先源于对自然界的直接认识,从太阳和月亮获得圆与弯的观念。从周围世界中抽象出来并在实践活动中概括出来的这类概念就是最初的几何概念。所以,当我们传授数学知识时,就应该把知识还原,融入生活实际,让学生感到亲切。

（2）构设抽象知识的背景

抽象和概括是形成概念的关键性的一步，是"数学化"的核心环节，学生学习数学的困难往往就发生在由具体直观向"词语——符号"抽象思维过程的这个"关键点"上，这时就要为学生构设一个丰富的具体背景，也就是可以引进许多具体的例子，以便于学生直观、形象地理解和接受数学知识，同时也能学会解决实际问题的能力。

3. 通过概念学习培养应用意识

数学概念是学生学习数学的基础，在数学教学中要有意识地让学生在应用中去学习，在实际中去学习。通过学用结合促进学生切实掌握和深刻理解概念。

（1）从实际问题中抽象出概念

数学的很多概念、运算法则都是从日常生活、生产经验中抽象出来的。因此概念的教学应遵循从物质到精神、从实际到理论的原则。从学生已有的数学知识出发，通过实际的事物和具体的事例，引导学生观察、分析，从中抽象、概括出数学概念。这样不但可以加深对概念的理解，而且能够增强学生的应用意识。例如在讲授一次函数这个概念时，通过对实际问题中两个变量的关系的分析，从而引出了函数的概念，便于学生理解。

（2）以实际问题帮助理解概念

有些抽象难懂的数学概念，不适宜让学生自己从实例中归纳抽象出来，但是给出概念后，可以用生产和生活中的实际事例帮助学生理解。这样能使本来比较高深的内容变得通俗形象，学生不仅易于理解，而且也培养了他们的应用意识。

4. 在教学中引进典故、趣闻、信息

在我们生活的周围存在着许多形象生动的数学典故、趣闻、逸事、数学进展信息等等，其中不少是很典型的数学应用的实例。若能将这些典故、趣闻引进课堂，除能激发学生浓厚的数学兴趣外，还可以培养学生的应用意识。

5. 培养学生的数学建模能力

所谓数学建模，就是针对或参照某种事物系统的特征或数量关系，采用形式化的数学语言，概括地、近似地表达出的一种数学结构，这种数学结构应该是借助于数学概念和符号刻画出来的某种系统的纯关系结构。而通过对问题数学化模型构建，求解检验使问题获得解决的方法称之为数学化模型方法。在数学教学中，培养学生的建模能力，对培养学生应用意识有巨大作用。

（1）立足课本挖掘建模原型，培养学生的认识能力

现行初中数学教材中含有大量的应用问题素材，许多纯数学问题有着与现实生活密切相关的原型。只有深入研究教材，充分挖掘教材所蕴藏的应用数学的材料，从中总结提炼，才可建立各种数学模型。我们不能将所找的问题简单地理解为课本例题和习题，它应该更具有灵魂性、开放性与探索性，让学生自由思考，答案可以不唯一。通过这种贴近生活实际的练习，使学生在积累生活经验的同时，学习了数学知识，培养了应用意识。

（2）适应生活实际编制建模题，培养学生的运用能力

数学应用问题与普通的纯数学问题不同，它更贴近现实，更具有语言化，是数学与现实生活联系的实际问题。因此，我们应适应生活实际，从商品统计、营销、储蓄利息、材料优化等方面编制建模题。既能激发学生学习的兴趣，掌握一些实用的知识，又能提高学生数学应用的能力。

6.利用课外活动，培养学生应用意识

培养学生数学的应用意识，不仅要在每一课的教学中进行有机渗透，而且还要与课内讲授结合，通过丰富多彩的课外活动、兴趣小组进行强化引导。激发学生学习兴趣，提高学生应用数学动手操作的能力。数学应用教学中要接触各种现象，调查各种信息，参与各种实践，这些仅靠课堂教学是无法完成的。还要利用双休日，结合教学进度，开展一些数学活动课，如组织数学游艺会、数学故事会等。寒暑假时间较长，可以让学生做一些实践活动，比如让学生收集应用问题并分析求解，最后把整个过程写成简短的小论文。通过丰富的课外活动，学生不仅锻炼了动手能力，而且体会到生活中处处有数学，数学不是枯燥乏味的，而是丰富多彩的。

7. 建立科学有效的评价机制

考试对教学有着重要的导向作用，近年来中考试题中应用问题出现的比率越来越大，极大地激发了教师和学生研究探索数学应用的兴趣，提高了学生运用数学知识解决实际问题的能力。可以说只有建立科学有效的评价机制，才能真正提高学生的应用意识。

应用意识的培养是一个长期有序的过程，要循序渐进逐步培养，在日常生活中慢慢渗透。我们强调培养学生的数学应用意识，不是指所有的教学内容都必须围绕应用问题进行，尤其在数学建模过程中要注重练习的质量，而不是数量，不能增加学生负担，为应用而应用。另外，在教学过程中尽量挑选贴近生活实际的应用问题，教师与学生平等地参与讨论，逐步引导学生自己去解决问题，用数学的眼光去看待周围的事物，用数学的思维思考。教师也要在教学过程中不断更新自己的教学方法和教学理念，从而培养和提高学生应用意识和应用能力，成为适应未来时代发展需要的人才。

（七）网络学习空间为课堂教学提供助力

任何学习活动都是在一定的空间内完成的，网络学习空间进入校园，带来许多新的变化和发展，它首先突破了各种场所的墙壁阻隔，使得各种学习空间连接在一起，学生利用网络既可以在教室内也可以在家里学习，各个班级可以通过网络发布自己的各种信息，加强班级之间的交流，扩大了班级活动的范围，因此，网络使得人与人之间的交往不再受空间物理特性的约束。师师通、师生通、生生通，最终实现人人通，是网络学习空间的便利所在。在网络学习空间的使用过程中，学生的自主学习能力不断增强，又可以改变以往课堂教学中的一言堂的局面，构建自主互助学习的智慧课堂，从而使学生会学、乐学、善学，在学习的海洋中自由徜徉。

以语文学科为例，利用网络学习空间辅助初中语文教学，为语文课堂教学创设了更为直观形象的学习情境，激发了学生的求知兴趣，培养了学生自主学习的习惯，构建了充满活力的生态课堂。

引导学生自主探索和研究，培养创新精神和实践能力，提高学生语文素养，一直是语文教师的追求和目标。当学生主动地参与到学习过程中，能按照自己的知识基础、学习兴趣来选择学习内容时，学生才能进行有效学习。而网络学习空间为学生的自主学习提供了平台。下面我就以自己的空间为例，介绍一下如何利用网络学习空间指导学生自主学习，进而构建自主互助学习的智慧课堂。

网络空间的功能包括多媒体教学、作业与讨论、互动答疑部分。进入多媒体教学，备课屋、魔幻课堂等功能一目了然。教师可以将自己日常教学的备课内容分门别类地进行存储，根据需要随时调取，避免了以往资料存储杂乱、易丢失的问题，而且备完课后，所有的备课资料直接进入魔幻课堂，学生在自己的学习小屋中可以直接调取他们感兴趣的资料，同时教师的备课成果还可以和学校内及大学区的其他老师进行交流，实现了师师通。

自主学习任务可以激发学生学习初中语文的内驱力。因为人机交互是多媒体的显著特点，利用键盘、鼠标、麦克风等学生可以随意控制、任意操作各种媒体。如学生完成朗读任务，在以前学习时，可以布置朗读作业，要求家长听读签字，但第二天的课堂朗读却不尽人意。有了网络学习空间，学生的朗读不再是应付。

自主互助学习的智慧课堂以培养人的创新精神和创新意识为核心，而创造能力培养的关键是对信息的处理能力。在学习过程中，学生还可以将自己的疑问在空间中的作业与讨论模块发帖，先是自己组内解决，解决不了的问题分区汇总，最后将剩余问题集中到班级讨论区，形成一个问题金字塔。这种方式从质疑开始，从学生的学习需要出发，对于学生的自主学习能力培养大有裨益。而且在交流讨论区，同学们可以关注自己感兴趣的话题，发表见解，这样更好地实现了互助学习。这种互助不仅停留在师生间，资源与学生的互助，更实现了生生互助。

网络学习空间提供了人与人之间进行积极有效联系的强有力中介，使师生间能便捷地形成丰富多彩的交往活动，但网络毕竟只是为师生间的积极交往提供了一种有效的手段，提供了使学生潜能充分实现的可能性，深刻的人际交往还有赖于教师和学生对网络学习空间进行积极有效的调控和优化，使网络的各种功能奇妙地整合到师生的学习过程中去，构建自主互助学习的智慧课堂。我和我的学生们也将继续探索，发现网络学习空间的更多奇妙之处。

五、实验创新——让课堂充满了挑战性

在实验教学中，有时我们完全可以改变按部就班的方法，尝试对实验的创新，尤其是鼓励学生对实验加以创新。比如，我们可以有选择地将验证性实验改为探究性实验。

例如："绿叶在光下制造淀粉"的实验，先引导学生思考以下几个问题：①绿叶在光下，若水分供应充足或者不足，会对制造淀粉有何影响？②绿叶在光下，若周围有少量、没有或者有大量CO_2对制造淀粉有什么影响？学生为了探索这些问题，会精心地设计各种各样的探索方式来寻求问题的解决，并有所发现和创新。

设计实验是建立在学生熟悉教材内容和观察思考问题的基础上引出的，属于探究能力的较高层次，它的成功可大大调动学生参与和探索活动的积极性，能有效地促使学生拓展思维空间，活跃思想，主动探究实践，为今后探索生物奥秘创造条件。

课堂不能离开知识的传授，但是我们也都听过这句话：我听说了，就忘记了；我思考了，就知道了；我做过了，就会了。我一直在努力着，让实验的科学性、规范性、趣味性、艺术性、可行性、挑战性渗透在日常教学的各个环节当中，时时刻刻在为我的课堂教学保驾护航。

（一）生物实验——为我的课堂教学保驾护航

生物学是研究生命现象和生命活动规律的科学，是一门以实验为基础的自然科学，而实验又是研究生物学问题的一种重要方法。许多生物现象只有通过实验才能得到解释，各种生物体的结构必须通过实验才能观察清楚，生物学的理论也是人们通过实验总结出来的。实验对于学生掌握基础知识、获得生物学技能、增强学习兴趣，都具有特殊重要的作用。所以，我一直努力去尝试和探索，利用实验为我的课堂教学保驾护航。

1.探究实验——让课堂充满了科学性

课堂是学生学习的场所，是教书育人的主渠道。而课堂上生物实验的设计和实施过程就是科学思维的过程。探究性实验就是指学生在不知道实验结果的前提下，教师引导学生提出问题、做出假设、制定计划、实施计划、思考分析得出结论的一种实验形式。探究实验中的每一个环节都要做到科学、严谨。也就是要遵循科学性原则，一般在实验设计时必须有充分的科学依据，要以前人的实验、公式或原理为实验依据，不能凭空设想。同时，科学探究也是学生积极主动地获取生物科学知识、获得科学观念、掌握科学本领，领悟科学研究方法而进行的活动。因此，实施科学探究实验主要以培养学生的创新精神和实践能力为重点，重视培养学生终身学习的观念和自主探究学习的能力，而科学实验的核心是探究。具体表现在：

（1）探究原理的科学性

探究原理是实验设计的依据，也是用来检验和修正实验过程中失误的依据，因此必须是科学的理论。有些实验需要一定的理论基础做铺垫，如"观察种子的结构""绿叶在光下制造有机物"等实验会用到淀粉的鉴定方法；种子萌发释放二氧化碳以及人体呼出的气体含有二氧化碳都用到了二氧化碳遇石灰水变浑浊的实验原理和现象。

（2）探究材料选择的科学性

根据实验目的和实验原理选择恰当的实验材料，是保证实验达到预期效果的关键因素之一。同时还具有在实验操作中带来方便、节省时间、实验效果好等优点。如新版教材中探究"非生物因素对某种动物的影响"就对实验材料提供了很多的选择性，有鼠妇、黄粉虫、金鱼、蚯蚓等。

（3）探究方法的科学性

只有科学而严谨的探究方法，才能得出正确而可靠的实验结果。需要教师的正确指导，同时更注重培养学生自己在实验中总结出科学的探究方法。

（4）探究结果处理的科学性

先记录，然后整理，最后再经过仔细分析找出它们所能透露给我们的最大信息量。实际上，对于探究实验结果的分析和判断甚至比实验的过程还要重要。

每一学期我们可以根据教材内容有所选择地进行探究实验的实施。

例如：在探究"种子萌发的环境条件"时，我不是急于讲解种子萌发的各个条件，而是首先启发学生根据生产生活经验回答种子萌发需要什么条件，学生则会根据已有的知识和经验，提出了与光、空气、水分、温度、肥料、土壤等有关。然后，根据前面学过的探究实验的方法在课前一周内进行小组实验，之后，在课上一起交流探究方法的可行性，并分析实验成功与失败的原因。这样，不但能较好地落实课标的要求，还培养了学生创造性和创新思维的发展。最后，教师再帮学生分析探究过程的不足、需要改善的地方，提高学生的探究思维和能力，使学生深入理解并最终享受探究过程的乐趣和分享成功的喜悦。

2. 正确的实验操作——让课堂充满了规范性

在日常教学当中，我们经常看到学生的实验操作能力有很大差异。那么，如果这种情况发生在不同学校、不同区域的学生身上，我们是否想过这也许和老师的操作和指导有一定的关系呢？应该说，规范的实验操作是实验成功的重要保障。以显微镜的使用误区为例：

（1）显微镜拿法不正确，安放位置不当，有碍操作

显微镜安放不是靠前就是靠后，或位置靠右，甚至把镜筒向着自己。显微镜应安放在离桌边缘5 cm（7—10 cm）、镜筒向前，并讲清显微镜位置稍靠左侧的道理。

（2）对光顾此失彼

对光时往往忘记了反光镜的正确使用，不能根据光线的强弱来选择平面镜或凹面镜；用高倍镜进行对光，不把低倍镜位置放低；在转动转换器时，物镜没有到位，光圈也没有调节好，视野光照不均匀、不明亮。

（3）不能迅速找到要观察的物像，没有按简明、合理的程序操作

先使用视野宽的低倍镜,把要观察的材料放通光孔中央,放下镜筒使物镜下端与装片的距离约 1 cm,沿逆时针方向徐徐调节粗准焦螺旋,同时左眼注视视野,直到看清物像。如果第一次标本未进入视野,那么要重新操作,在调节粗准焦螺旋的同时,移动装片,直到看见物像为止。

另外,滴瓶的使用、制作临时装片的位置以及适量的选择实验材料等都需要正确规范的操作。

这些问题的出现我觉得最好的解决方法就是,应该首先规范教师实验的准确性和科学性,统一教师的实验教学标准。教师在教学中要做到心中有数,防患于未然,规范学生的实验操作,及时纠正学生在显微镜的使用中所犯的错误,通过规范训练,学生一定会逐步正确、熟练地操作显微镜,防止错误的累积。从起始年级开始就激发起学生对生物学的浓厚兴趣,科学地学习和探究,规范地实验,为以后的学习打下坚实的基础。

3.课外小实验——让课堂充满了趣味性

配合中学生物学教学,利用简单的实验器材,创设一些富有趣味的生物学课外小实验,既可帮助学生建立感性认识,激发学生的学习兴趣,更有利于培养学生发现问题、提出问题、探索问题的能力,从而达到提高生物学教学质量的目的。根据教材内容,选择趣味实验的原则是:趣味性强、现象明显、耗时不长、内容与本学期知识相关。如:植物标本剪贴画的制作、糯米酒的配制、生态瓶的制作、水果 VC 含量的比较、葡萄酒的酿制、植物生长的向光性、蒸腾作用的观察、叶绿素的形成与光的关系等。例如:

(1)生物小实验:白花变色

准备一个干净的玻璃瓶,倒入半瓶红墨水,再剪取有叶和白色花的植物枝条,插入瓶中,放在阳光下,过半个小时,花瓣和叶脉都会呈现红色。取出枝条,用刀片横向切下一段,可以看到截面上出现的一些红色细点,把茎纵向切开就可以看到一些红色的线,这叫维管束。植物的茎就是通过维管束来输送水分和养料的。把植物枝条插入红墨水中,由于叶片和花瓣的蒸腾作用,红色墨水就会自下而上逐渐延伸到叶脉和花瓣中。

(2)生物小实验:鸡蛋冒汗

找一个完好的鸡蛋,将它洗干净。在一端先刺一个小眼,用注射器将蛋白和蛋黄抽出来，再往蛋壳里注入红墨水。接着用空注射器从小眼往里打进空气。这时你会发现，蛋壳上有很多一点一点红色的小水珠，好像"冒汗"似的。这是由于蛋壳表面有无数小孔，鸡蛋孵化成小鸡时，壳内的小鸡胎儿进行呼吸的空气，就是从气孔中进出的。有人估计一个鸡蛋上有7000多个小气孔。用注射器注射空气时，较大的压力就将蛋中的红墨水从各个气孔中挤出来，形成了鸡蛋"冒汗"的现象。

（3）植物的向光性

植物在发育生长过程中受阳光照射的影响会朝着阳光射来的方向生长，即植物的"向光性"。

把牵牛花籽种在小花盆里，等发芽长成幼苗后放在一只鞋盒子里，花盆紧靠鞋盒的一边。盒内用硬纸做一个隔墙，下方留一点空隙，在另一侧上方开一个小窗。盖上盒盖，把鞋盒放在阳台上。一个星期后，牵牛花秧会从小窗中探出头来。原来，在植物细胞里有一种对光线非常敏感的生长素，它控制着植物发育和生长的方向，只要盒内有一点点光线，这种生长素就会发挥作用。

（4）袋中水滴

找一株盆栽植物，把盆中土壤浇透。用一个大透明塑料袋套住植物，用细线将袋口扎紧。把花盆搬到阳光下，过不了多久，塑料袋内壁便出现了许小水滴。

我们可以排除水是从袋口进入袋内的，那么袋内产生水滴的唯一可能就是植物的叶及枝条。因为，叶子表皮有许多气孔，它们会将植物体内的水分散发到空中，植物枝条也会蒸发少量水分，我们称它为蒸腾作用。它可以促使根吸收水分，促进水分和养料向植物体内各部分输送。

这些实验中有观察实验、验证实验、探究实验等，在教师的指导下，让学生领会不同实验的魅力，为课堂增添了无限的乐趣。

（二）生物绘图——让课堂充满了艺术性

生物绘图是运用绘画艺术手法，将生物体的外部形态、内部构造、细胞组织结构的特征以及生态环境和自然景观等内容，做科学和形象表达的一种形式，也是一种重要的科学记录方法。通过生物绘图，能够加深人们对生物界自然信息的认识、理解和记忆，提高对生物科学知识的利用效率。生物绘图在课堂教学中可以弥补文字和语言无法表达的部分。在生物实验教学中，常要求学生画出实验观察对象的各种图形，这对提高实验质量和效果具有重要意义。通过绘图能够培养学生以科学观点对实验对象进行观察、思维和表达的能力，进一步巩固学生的基础知识和基本技能。

绘图时主要分以下几个步骤：

1. 观察

绘图前要对被画的对象（植物细胞等）做细心观察，选择有代表性的、典型的部位起稿。

2. 起稿

起稿是勾画轮廓的过程：注意位置、大小。将绘图纸放在显微镜的右方，左眼观察显微镜图像，右眼看绘图纸绘图。绘制草图时先用较软的铅笔（HB），将所观察对象的整体和主要部分轻轻描绘在绘图纸上，下笔要轻，尽量少改不擦。

3. 定稿

对照所观察的实物，全面检查起稿的草图，进行修正和补充，再用硬铅笔（2H或3H）将草图画出来，之后可将草图擦去。

4. 线条的要求

线条要均匀，不可时粗时细；线条边缘要圆润、光滑，不可有深浅和虚实的区别。

5. 点的要求

"点点衬阴"法可显示图像的立体感，使其更富有形象性生动性。粗密点用来表示背光、凹陷或色彩浓重的部位；细疏点用来表示受光面或色彩淡的部位。点点要圆，用笔尖垂直向下打点，根据明暗需要掌握点的疏密变化，切忌采用艺术画的写生画法，不可用涂抹表示阴影。

绘图时容易出现的误区：

1. 用钢笔或圆珠笔

用钢笔或圆珠笔作图，有许多不便之处。对于中学生来说，绘图能力是在培养之中，而且难免出错，用钢笔或圆珠笔绘图，画错了难以更改。钢笔遇水易浸染，影响画面整洁，绘图的目的之一是能得以长期保存，以做参考，有的钢笔水（如纯蓝色、蓝黑色）时间长了易褪色，不利于保存。生物作图一般用3H的铅笔，也忌用太软、颜色太黑的铅笔。

2. 面面俱到

绘图只需画出重点观察内容即可，不可能把每一个细节都画出来，从而影响画面的整体效果。

3. "画蛇添足"

生物图讲求科学性，画图时应实事求是，不能凭自己的主观愿望去添画。要按绘图的基本要求去做，对于图中的圈、线，要力求一笔勾画，不能使用圆规、直尺等，以影响图的真实性。

4. 涂抹和重描

生物图一般以点、线来画。以点的疏密来表示画面的色调变化，点要均匀圆润；线条要均匀、清晰，不要反复涂抹。

5. 杂乱无章

生物图讲求整体效果，图在绘图纸中的位置、比例都要适中。在图的右上角注明绘图者姓名、日期，图的下方注明绘图内容。对于图的文字注示，要用直线拉出，且尽量都放在图的同一侧注明，忌讳直线间的交叉。

6. 照抄教科书

教科书上的参考图是为了便于学生理解一般模式。我们在显微镜下看到的植物细胞形状各不相同，一定要以看到的结果为主。

例如，植物细胞的生物绘图要求：细胞壁要用平行的双线表示，原生质体内的结构（如细胞质、细胞核等）要用不同疏密的小点表示。一般情况下不要用颜色铅笔或普通铅笔涂抹代替小点。细胞与其他细胞相连接处要画出一些来，以表示所画的细胞不是孤立的。

只要掌握了生物绘图的技巧，清楚了生物绘图的误区，一定可以提高生物绘图的基本技能，让我们的课堂充满艺术性。

"生态教育理念下高效课堂教学模式研究"经验总结

长春市第一〇三中学　刘峰

　　自然、民主、和谐、快乐的课堂教学永远是教师的追求。但在现实的课堂教学中却一直存在着教师教得无味、学生学得无趣、教师教得辛苦、学生学得痛苦、高耗低效的教学问题。为了找到解决问题的有效方法，提高课堂的效率，摸索学生快乐学习的途径，我们从2013年初结合自身发展需求，率先全员开展了"生态教育理念下高效课堂教学模式研究"，并于2013年9月申请立项为吉林省教育科学规划办"十二五"课题子课题，2013年底进行了开题论证。该课题经过课题组全体成员的深入研究，结合课堂教学实践，取得一系列研究成果：总结出"先学后教、少教多思、学思结合、快乐学习"的十六字指导思想，提炼出"自主学习、质疑提升、小组互助、迁移拓展"课堂教学能力四项重点培养目标，构建了"学——导——研——习——拓——理"六步课堂教学模式。课题研究实施一年多以来，一〇三的课堂教学，发生了翻天覆地的变化。学生由听众变成课堂的主宰，教师由台前退居幕后；书本不再是学生获取知识的唯一渠道，教师空间、学生空间、电子书包、微课视频等学习渠道五花八门。2014年底，一〇三中在大学区成功举办龙头校课堂巡礼活动，充分展示和交流了学校"生态教育理念下高效课堂教学研究"的研究成果。

问渠哪得清如许，为有源头活水来
——培训入手转观念

　　我们不但请进来，还走出去。学校先后分三批派教师赴山东昌乐二中学习，深入到他们的课堂教学与课堂管理当中去。为了深入学习，在去昌乐之前，我们根据学校课堂教学中存在主要问题，设计了考察方向和目标，让教师带着问题去深入了解。回来后，我们分别召开了研训会与恳谈会，组织进行了学习培训，把学习的感悟、体会、困惑及时地进行梳理、交流，形成正确的思维，进而固化成自己的教学行为。组织实验教师汇报课活动，结合昌乐培训与生态教育理念下高效课堂实施状况，我们发布了一个"生态教育理念下高效课堂的实施意见"，指导实验教师的课堂教学行为。通过倾听专家讲学、学习名校经验、参加省市区培训等方式，做到了全员培训、全方位培训，教师普遍达成了共识：我们的课堂必须让学生动起来，把时间、空间还给学生；教师要做聪明的牧人。"问渠哪得清如许，为有源头活水来"，教师教育教学理论和观念的更新，使得课堂模式的改革拥有了活头源水。

山重水复疑无路，柳暗花明又一村
——模式梳理重实效

按照课题研究进程，2013年底学校成立了由各学科骨干教师组建的项目研究工作室，就现行课堂中存在的非生态现象、传统学科教学模式中导致课堂教学低效的主要原因展开调查和讨论，研究制定改进方案，确立了学科主攻的内容及方向。

经历了半年的行动研究，课题组提出了"一个理念""两个环节""四种能力""六个流程"的生态理念下的高效课堂的教学模式。强调课堂教学出发点一切以学生发展为本的理念，突出先学环节和探究环节，逐步确立了课堂教学能力培养四个重点目标，构建了"学——导——研——习——拓——理"六步课堂教学模式。

学：学案导学、自主学习、自主探究、发现疑难。

包括两层含义，即指学生学习新知识前的自主预习，也指课上新问题出现时学生先进行自主探究。

教师在这一环节中通过导学案发挥"引导、引领"作用，精心设计，激发学生兴趣、引发学生思考，学生带着问题课前进行自主学习，构建知识结构，发现疑惑和困难。先学后教，符合学生的认知规律。

导：情境导入、激发兴趣、引发思考、明确学习目标。

通过多种形式创设情境导入课题，激发起学生的学习兴趣，进而引发学生的思考，使学生明确本节课的学习目标。

研：学有所思、质疑探究、师生共研、释疑解难。

将学生"自主学习"过程中产生的疑问提出来，师生进行共同研究。学生能解决的由学生自己解决，学生不能解决的，通过提示、引导等，让学生进行思考，最大限度地调动学生的思维。在生生、师生的互动中解决疑难。

习：巩固练习、夯实基础、举一反三、学会应用。

通过多种方式的练习，巩固本节课的知识点，使学生扎实有效地掌握知识；通过对当堂知识的变式练习，使学生学会运用知识去解决实际问题。

拓：横纵联系、知识迁移、发展思维、提升能力。

通过横向、纵向联系，进行适宜的迁移拓展，学会用学到的知识解决生活中的实际问题，使学生的思维得到发展，能力得到提升。

理：总结梳理，构建知识结构；提升认识，尝试新的思考。

这一环节是学生能力进一步提升的过程，重在对课堂内容进行总结、概括，引导学生站在更高的地方把握各知识点之间的内在联系，培养学生对学习内容整体把握的能力。更主要的是，让学生通过走进知识中、尝试思考，解决相应的问题，以此锻炼、提升发现问题、解决问题的能力。

六、教师团队建设保障措施

彰显以人为本的管理思想，学校对教师的科学管理能够调动教师工作的积极性。教师工作的积极性一定程度上源自于教师的社会地位和工资待遇等因素，但学校内部有效的激励措施及和谐的校园环境也是提升教师积极性、主动性、创造性的重要条件。学校管理者关心爱护教师，合理安排教师，客观公正地评价教师的工作，尊重教师的劳动成果等，都有助于激发教师的主人翁意识，使教师在职业发展过程中积极进取，勇于创新。

（一）组织保障

1.成立组织管理机构

教育部成立"卓越教师培养计划"专家委员会，负责计划的指导、咨询服务等工作。一〇三中学结合本校的办学定位、服务方向和办学优势与特色等，联合地方政府、中小学就卓越计划相应改革项目提交申报方案，经专家委员会评审后，研究确定计划并实施。计划实施周期为10年。专家委员会对实施效果进行定期检查，计划实施学校实行动态调整机制。

2.加强政策保障

支持计划实施学校在招生选拔、培养模式、课程体系、师资队伍建设等方面进行综合改革。优先支持计划实施学校相关青年骨干教师国内访学和出国进修。

（1）学校成立教师培训领导小组，由校长直接领导，提供有力的保障。

（2）学校领导多关注教师培训情况。

（3）创造条件，请教育专家来校讲座，开阔思路，提高水平。

（4）制定符合实际的政策，鼓励教师利用业余或工作时间进修。

（5）学校负责制定本校教师继续教育培训规划，建立管理制度，建立教师继续教育培训业务档案，合理安排教师课务，保证教师培训时间，安排教师培训经费，落实本校教师继续教育培训与教师业务考核和评聘教师专业技术职务挂钩政策等。

（二）制度保障

1.指导培训制度

依托东北师大专家教授团队，对教师专业发展团队提供科学有效的指导，充分利用各级培训为团队组织者提供培训学习的机会。要定期组织召开教师专业发展团队建设经验交流会，通过举办优秀教师专业发展团队评比、活动展示等方式主动搭建平台，提升教师专业发展团队的影响力，推广团队建设先进经验。教师培训制度是教师教育一体化师资队伍建设保障机制中的一个重要组成部分。教师学习培训制度应该将校本研修、远程网络、送培下乡、学区交流等不同的培训模式结合起来，积极运用远程培训、校本研修、顶岗置换研修等不同的形式，使培训的实效性和针对性得到增强。

2. 梯度培养制度

在实践中逐步践行、完善"导师带教制""听评课制度""青年教师 12357 培养"等制度；努力形成能够使教师自主选择培训课程的校本研修制度；努力形成教师自主自愿参加上级选拔、比赛、资格认定等教师表彰制度；骨干教师自主将优势资源校本辐射的奖惩制度；等等。使这种"制度外力"成为教师们发展过程中必备的专业发展内核，并"融化""融汇""融合"在教师发展的纵向条块中。

3. 考核奖励制度

制定考核办法，完善考核机制。从师德建设、组织管理、活动开展、成就效果、创新实践等方面，定期对所有教师专业发展团队，进行全面考核和动态管理，对于成绩突出、连续考核优秀的团队成员，在评先树优等方面给予倾斜，对不能正常开展活动、管理不善的给予注销处理。要适时评选表彰优秀教师专业发展团队，对特色鲜明、成效明显的团队给予适当资助和扶持，树立典型，充分发挥典型引路作用，构建促进教师专业发展团队建设的长效机制。

（三）机制保障

2014 年，教育部正式颁发了《义务教育学校管理标准（试行）》（以下简称《管理标准》），提出将"引领教师专业发展"作为学校六大管理职责之一，并明确了学校施行教师管理的三大任务：加强教师管理和职业道德建设、提高教师教育教学能力、建立教师专业发展支持体系。教师的综合素质直接关系到教学的效率和质量，针对我校特点建立一支高素质、一体化的师资队伍，构建教师教育一体化的运行机制，加强制度建设。只有完善的教师教育一体化师资队伍建设保障机制，才能保障教师教育一体化师资队伍建设这项工作的顺利实行，并取得好的效果。

（四）投入保障

建立教师培训经费保障的长效机制。落实教育规划纲要提出的"将中小学教师培训经费列入各级政府预算"的规定，确保教师培训计划的实施。落实财政部、教育部《农村中小学公用经费支出管理暂行办法》（财教〔2006〕5号）"按照学校年度公用经费预算总额的5%安排教师培训经费"的规定，足额专款用于学校教师培训。建立健全以财政投入为主体、社会投入和个人出资相结合的教师培训经费投入机制；建立健全教师培训专项经费管理制度，提高教师培训经费使用效益。这为教师专业培训提供了依法治教的依据。

第五章
卓越少年心灵成长

教育的本质是育人，是让人实现自我价值，让每个人都有出彩的机会。实施素质教育就是要让学生成为最"卓越"的自己，做属于自己的梦，成属于自己的事，享属于自己的幸福。青少年正处于人生发展的关键期，他们以其特有的张力，用全身心的力量在不断扩大自己的认知范围，来满足自我心灵快速成长的需要。一○三中学通过主题德育、自主学习、青春活力、实践体验和未来素养五大行动，逐项破题、逐项深化，为学生的个性化成长提供多样化选择，让每个学生"不仅是学习的高手，更能成为适应社会、创造生活的强者"。

一、卓越少年成长目标

一○三中学将卓越少年成长目标定位为"思想卓越、智力卓越、品行卓越、能力卓越"。尊重和理解每一位学生的个性和特质，力求通过创造多样的教育资源、教育机会和教育平台，提供多元的评价标准，从而培养出自律担当、文雅强健、探究创造和视野开阔的卓越少年，实现生命个体的充分发展，未雨绸缪地为每一位青少年的未来发展做出最大的努力，为卓越人才的培养奠定基础。为此学校提出培养"具有中国气质、国际视野的卓越少年"的育人目标，这一目标着眼于学生的未来，助力学生的全面发展和终身发展，对学生而言，其核心理念是帮助学生树立独立个性，达成自我超越的目标，具体来说就是让每一个学生打开自我认知的大门，清晰个人的志向，最大限度地激活自我成长的动力，从而让每一位学生的潜能得到充分的发展。

狭窄的视野无法走进广阔的视界，短浅的目标难以达成宏大的梦想，为此我校注重各类社会实践活动平台的搭建，以拓展学生视野，注重理想信念教育，以开启学生生命成长的闸门。长期以来我们致力于为学生搭建活动的平台在主题鲜明、内容丰富、组织有序、富有一〇三特色的德育课程中，学生一向是主角，教师是指导者，学生参与度非常高，每个一〇三学生都要参加一个社团，参加一个科技项目，完成一项志愿服务；三年中他们会经历一次军训、一次大型域外社会实践、一次毕业典礼；内容包括"三大主题实践"，校园传统文化节、体育艺术节、科技节、合唱节、风车节、秋叶节"六大校节"，九大主题德育课程。在如此丰富的德育活动中，学生们充分展示自己的才华，学会生活，学会学习，学会合作，学会做人，在成功中得到满足，在满足中得到愉悦，在愉悦中陶冶情操，在学生形成良好的个性方面收到了良好的功效。

多元的学生成长平台一方面让孩子们根据自己不同的特长找到了自我展示的舞台，找到了人生的自信，另一方面在足够丰富的学习体验中，学生人生成长所必需的各种非智力因素获得长足发展，最后也是重要的，这些平台能够帮助他们更加清晰地认识自身，找到自己的个人兴趣，从而更好地明确人生发展的方向。

二、卓越少年成长理念

学校是一个教育机构，也是一个服务机构，我们将为中国未来建设的卓越人才提供奠基培养服务，为全社会提供合格公民养成服务，为家长提供优秀的子女教育服务，而这一切服务都基于为每一位在校学生提供专业的有利于他们整个人生发展与幸福人生的服务，因而如何让学生健康成长并探究所有能使他们获得幸福的途径，这是教育者的根本目的。

我们将分管学生的德育处，正式更名为学生发展中心，以体现我们最新的学生培养理念，从管理到服务，实现了从当下的行为管理与教育到真正为孩子的终身发展奠基；服务于教育，首先要服务于学生的目标。从管理向服务观念转变，以指导、服务、研究为基本培养理念。

指导成为学生工作的主要方式，可以归纳为理想前途指导、学业指导和学生生活指导三个方面，这种指导不是矫正似的，也非预防式的，而是发展性的。无论是哪一种形式的指导，都不是一种控制学生的手段，而是帮助学生的途径；都不是外在的强加于学生的指令，而是源于学生自发的需要，是对学生潜力的开发。

服务是我校学生工作新的追求与出发点，学生发展中心与传统的学生管理机构相比，更为突出这一个功能。这种功能也不全是统一的，而是分层分类的服务，分层服务主要根据学生不同年龄段所呈现出的不同特点以集体形式开展，例如初一主要帮助学生调整心态、学习方式来适应初中生活，初二从学生自我成长的角度为学生的能力素养发展与提升搭建平台，初三则更多地提供心理健康咨询和理想前途规划的分类服务，相对来说更加个性化一些，主要针对学生的不同需求，或是困难和障碍进行的。此外服务还注重拓展，致力于构建学校、家庭、社会一体化的教育格局，不仅服务于学生，也服务于教师。帮助教师调整好心理状态，服务于家长，帮助家长掌握一些心理保健常识和一些青春期的心理发展特点规律，给予孩子良好的行为示范。

研究是学生发展中心一切工作的基础。无论是指导还是服务都不应该是盲目的，而是要基于对象的研究、内容的研究以及方法的研究，具体来说包括对学生的研究、对教师的研究以及对学生工作的研究。我们在日常的教育教学及学校管理中面对的教师学生都是鲜活的个体，他们的行为所反映出的各种现象是我们要研究的对象。只有把握住各种研究背后的问题、本质，才能找到解决问题的方向。从管理向服务的转变并不意味着学生发展中心不再需要各种制度，相反，学生发展中心将更加深入地研究学生，并在此基础上研究制定和完善各种学生发展制度。

综上所述，学生发展中心是一〇三育人理念转变的实践产物，在实践中我们发现它很好地体现了学校的办学理念与核心思想，真正践行了全员育人，发现和发展学生潜能，为每一个学生的终身发展奠基。当然学生发展中心的实践还处于起步阶段，还存在许多亟待解决的问题，学生发展中心作为学校的一个新的管理探索组织，将举全校之力继续深入研究，从组织设计到运行策略再到保障机制将不断地更新与完善，而目标则指向每一位学生潜能的充分发展，为了这样的目标，一〇三人一直在努力。

三、卓越少年成长共同体

成长共同体，就是具有共同愿景的学生，在一定时间段内，按照自愿、平等、互助、互补原则，在教师指导下，以合作探究为方式，以健康快乐成长和全面发展为目的，通过有效互动而促进成员共同成长的人数有所限定的教育活动组织。学校遵循发展规律，构建学生成长共同体，促进卓越少年健康快乐成长。

（一）成长共同体构建的理论基础

心理学认为群体对个体心理和行为的影响表现在使个体之间产生归属感、认同感和得到支持的力量。正因如此，学生才会在乎小组成员对其评价与认可，更希望得到支持，这也决定了他的表现。

社会竞争与合作理论认为整个社会都充满竞争与合作，任何人都处在竞争与合作之中，这一理论反映到教育的班级管理上必然要求培养学生的竞争与合作意识，而小组合作班级管理模式正是适应了这一要求。

传统的德育管理将育人与育德相分离，育德仅仅是班主任、政教处的职责。随着信息时代的发展、多元教育内容的开发、独生子女等诸多新问题的出现，今天的学校教育已经成为一个系统工程，学生的成长依赖于学校全体教师、学生家长、社会共同参与、共同建构。为此学校构建了卓越少年成长共同体。

苏霍姆林斯基提出："真正的教育是自我教育，是实现自我管理的前提和基础，自我管理则是高水平的自我教育的成就和标志。"在实践中我们也越来越认识到：当一个班主任把视线之内的管理转化为视线之外的信任时，那么学生自主了，班主任也轻松了！班主任只有用这个理念来指引自己的工作，才能把绝大部分学生培养成为能力突出、人格健全、适应时代发展要求的人才。

（二）成长共同体构建的核心要素

成长共同体构建的核心要素包括以中层领导为核心的全员育人团队，主要负责学校学生发展课程的设计和实施；以班主任为核心的骨干育人团队，它主要负责班级文化构建、班级课程开发和实施、学校各项活动的落实；以心理教师为核心的心理志愿团队，它主要负责心理咨询、心理沙盘、心理讲座和系列活动设计和实施；以学生会和学生社团为中心的学生领袖培养团队，它主要负责培养学生干部、学生领袖，组织社团活动，组织学校大型活动等；以各班级家长代表为核心的家长委员会，主要负责家校沟通、亲子活动等。家长资源、社会志愿团队等引入学校，成为学生成长共同体的一分子，他们的教育潜能将被最大限度地开掘和利用，成为学校教育发展重要的生长点。五大团队，相互依存、相互促进、共同成长，教育形成合力，共同营造了魅力非凡的卓越教育文化气场。

（三）共同体文化构建的实践与探索

1. 共同体的组建
（1）小组划分的原则："异质编组，组间平行"。
（2）男女比例分配要适中：男女生比例要合理调配好。

（3）学生性格搭配要互补：注意学生性格的差异。

（4）优势学科与弱势学科要结合：同一组内，应该各科都有带头人，结合学生的学科成绩，把小组的同学根据学科优势和劣势进行合理的微调，这样更便于帮扶与交流。

（5）座位的安排要合理：兵练兵、兵教兵、兵强兵是学生合作学习最好的效果。座位的安排既可以让优生相互探讨，也可以让后进生请教。

（6）阶段性随机调整：小组内成员固定好后，并不是一成不变的，经过一段时间的观察、评比，也许会因为当初小组初建时无法预设的情况，小组成员之间的配合、小组之间的实力出现一些问题，这时就应该及时进行调整。如果协调还不行，就应该考虑对小组进行重新编排。

2. 共同体的分工

（1）正副组长：负责学习小组的管理。在以身作则的基础上，对组员的学习、行为、思想等进行监督、督促和指导。负责随时与班主任及各任课教师联系，负责组员和教师的沟通，起到上传下达、下达上报的作用。在正副组长带领下，阶段性地对组规中不合理的部分进行修改。

（2）学科组长：负责各学科分数的记录管理，分配学习任务，作业的收交、检查、记录，组织好课堂小组讨论、展示、点评。

（3）监督员：负责监督检查组长和学科组长以及班级黑板日评结果的记录情况。

组内成员是一个整体，小组是一个团队，强调集体行动，不搞个人主义，组内对于各种任务要有明确分工，并且要明确落实到人。当然班主任可根据本班实际情况进行调整。

3. 共同体的评价

（1）评价的原则

及时性。当堂分当堂加，当日分当日结，过期不补！

客观性。一般情况加扣分的标准有统一规定。对重大事件可设置上限控制加扣分情况。

公正性。小组内部的分数管理可以由监督员负责监督，小组之间的评比由专门的班级记分员负责，全班同学随时监督。

全面性。评比内容要全面，给每个孩子加分的机会，这是起到激励作用的前提。同时要求组长善于利用评比机制激励个别落后的组员。

团体性。对小组的评价一律采用捆绑式评价，培养他们的合作意识与团队精神。

（2）评价的内容

对合作学习小组实施多元捆绑评价，这里的"多元"是指评价的内容是综合性的、多元的。涉及的内容包括"学习"和"生活"两大部分，涵盖学生行为习惯、纪律、体育、卫生、学习等多个方面。

生活部分。主要指行为习惯方面。依据学校的《日常行为规范》和各类规章制度，制定个性化评价细则，依据此细则实施量化考核。

学习部分。主要指学习成绩、学习态度和作业等方面。

（3）评价的方式

对共同体小组实施多元捆绑评价，这里的"捆绑"是指评价的方式是团队性的、捆绑式的，是以小组的总体成绩（表现）作为评价和奖励的依据的。

坚持课课评、日日评、周周评、月月评、期中期末总结表彰的原则，还应兼顾集体和个人的表现。

班主任在具体操作时要灵活把握，在兼顾效益与公平的原则下，最大限度地调动每一个学习小组和个体成员的学习积极性是做好小组捆绑评价的关键。如果有一个孩子放弃了对分数的追求就会导致小组瘫痪，班级评比就会失去意义。

（4）奖惩原则及形式

奖惩要以激励和鞭策全体学生共同进步为目的。

奖惩要以精神鼓励为主，物质奖励为辅。要考虑到学生的身心需要及能否从中获益。奖惩要实事求是。进行奖励前，深入调查被奖惩学生的实际情况，既要尊重有关的规章制度，又要依据学生行为的动机和效果，慎重确定奖惩方式，不能掺入个人的喜怒好恶。奖惩面前人人平等。奖励不可遗忘"差生"，惩罚不能忽略"优生"，"以人为本"理念指导下的奖励应该是一种鞭策性的奖励，惩罚应该是带有奖励式的惩罚，二者都是为了促进学生更好地发展。奖惩要辅以宣传教育。使学生明白为什么应该奖励，为什么受到惩罚，应以怎样的心态面对奖惩，奖惩对一个人的成长有什么帮助和作用,从而做到奖不骄,惩不馁;在奖励面前学会低头反思,在惩罚面前勇于抬头向前看。

材料一:

班级文化　异彩纷呈
——记成长共同体文化推介会

班级文化是班级的一种风尚、一种文化传统、一种行为方式,它自觉或不自觉地通过一定的形式融汇到班级同学的学习、工作、生活等各个方面,形成一种良好、自觉的行为习惯,潜移默化地影响着全体同学的行为。

历时一个月的七、八年级班级文化推介会取得了圆满的成功。11月中旬,各个班级根据学校的班级文化推介评比方案,开始总结、梳理本班的班级文化。截止到12月中旬,所有班级通过班级文化建设和推介,树立健康、文明、积极进取的班风,从而形成良好的校风,让班级具有特色、书香氛围浓厚、环境优美整洁、富有激励性。

班级文化推介会会徽

全体师生精心策划,让教室内的每一块展板、每一个角落都具有教育作用,彰显班集体特色,让师生感觉"舒心"。充分调动学生参与的积极性,让学生用自己的智慧和双手来布置教室,使学生在建设班级文化过程中得到锻炼,受到教育。

"班级精神篇"

班级精神文化是班级文化的核心,充分体现了班级个性及整体形象。班徽、班歌、班训、班风是班级的主流精神导向。班训是全班共同遵守的基本行为准则与道德规范；一个独特的班风是班集体构成和发展的能源；一套科学的班规，对于班级的管理工作会起到一种"水到渠成"的作用，可以把老师从烦琐的班级事务中相对地解脱出来，也可以令学生有章可循。

班规

人无灵魂不立，班无灵魂不昌。一个优秀的班集体，需要班规班纪，更需要班魂。俗话说："无规矩不成方圆。"班规班纪是班级的基础，班魂则是班级的旗帜。而班规就是对同学们的校园生活习惯提出了一定的要求。班规以七字歌的形式来表达，有节奏感，使同学记得更加清楚。而班规放置在教室门口，是为了同学们在出入班级时都谨记班规。而正因为是我们自己制定的班规，我们都非常喜欢，遵守起来也格外的自觉。

班规

仪容仪表要注意　　衣着得体懂礼貌
尊师敬友需团结　　友谊群体美形象
认真学习不马虎　　预习复习要自觉
作业考试独立做　　格式规范字端正
纪律我们来保持　　诚信是本友善先

班级制度文化

教室，就是学生的家，是学生成长的摇篮。整洁、明亮、温馨的教室环境可以激发性情、陶冶情操，给人以启迪教育。充分利用教室空间，创新设计布置富有班级个性或特色的版面，凸显班级特色，同时利用班级文化展板等营建富有生命气息的班级文化。既能美化环境，营造良好氛围，又能赏心悦目，陶冶学生情操。

"班级制度篇"

没有规矩不成方圆，各个班级制定了多项评比制度，实行自主管理，做到班级人人有事做，事事有人做。学生成长共同体充分体现了合理的分组机制、评价标准和富有特色的小组建制。每一组都有独特的小组精神与小组文化。

▲ 卓越教育实践与探索

奖惩机制-班级座位图

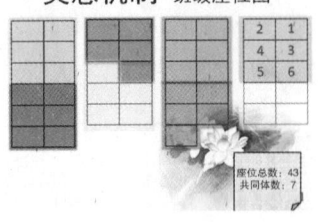

班委会及成长共同体

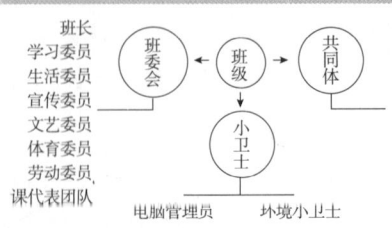

学校班级学习共同体是由学习者（学生）和助学者（教师）共同组成的，以完成共同的学习任务为载体，以促进成员全面成长为目的的学习、成长小组。

班级评价机制

　　班委会团队、课代表团队、共同体团队的精彩展示，我们看到了同学们热血拼搏的精神以及努力奋斗的目标，希望同学们能够以各自团队的目标和口号为动力努力前行，再创佳绩。

班级管理团队

　　"彩虹风雨后，成败细节中"，真心为孩子们拥有这样一座座知识的殿堂，拥有这样一处处学习的乐园，拥有这样一个个成长的摇篮而感到幸福、骄傲和自豪！

　　希望通过此次的班级文化推介交流，孩子们能在不懈的追求中雕琢岁月，在人生的博弈中塑造梦想。希望各个班级不断充实和完善自己的班级文化，让思想的火花点燃班级的辉煌，让个性的光芒照亮班级美好的明天！

材料二：

"小组合作学习"模式之浅见

　　【摘要】小组合作学习是新课程倡导的教学方式之一。《初中语文课程标准》指出："倡导学生通过主动参与、合作、交流与探索等多种

168

学习活动，改进学习方式，促进学生互相学习，互相帮助，体验集体荣誉感和成就感，发展合作精神，使学生真正成为学习的主人。"小组合作学习对于教师提高教学效率、学生提高自身综合能力大有裨益。

【关键词】小组合作学习；含义；意义；类型；实施方法

一、小组合作学习的含义

小组合作学习是将班级学生按照一定的要求组成若干个学习小组，在教师的指导下，自主并且顺利地完成教师布置的教学任务的一种学习方式，它体现了现代社会所需要的合作的团队意识，符合现代教育教学理念，并对学生的人格成长提供帮助，不仅对于教育教学，而且对于人性的发展都意义重大。

二、小组合作学习的意义

（一）可以激发学习兴趣

苏霍姆林斯基说："如果教师不想方设法使学生产生情绪高昂和智力振奋的内心状态，就急于传授知识，那么这种知识只能使人产生冷漠的态度，而不动情感的脑力劳动就会带来疲倦。没有欢欣鼓舞的心情，学习就会成为学生沉重的负担。"教师要善于激发学生对所学知识产生浓厚的兴趣，才能达到获取知识、培养语文思维能力、发展智力的目的；才能调动学生的主动性和积极性；才能使他们主动地投入到学习中去。而且兴趣的培养应渗透到每一个教学环节，贯穿于整个教学过程。

（二）提高教学效果

提高教学效果是教学改革追求的一个具体目标，课堂合作交流有利于这一目标的实现。它可以使学生在个人思考的基础上，通过合作交流、合作学习、互相启发、互相帮助，充分发挥集体智慧，达到提高课堂教学效率的目的。因为在合作交流过程中，学生的思维呈开放状态，不同的见解、不同的思路，可以广泛地交流，并得到及时的反馈，从而促进思维的有序发展，提高思维活动的有效性、广泛性。同时通过合作交流，集思广益、协作攻关，使片面的、支离破碎的结论，渐渐地互相配合起来，从而有效地使认识趋于完整，使结果趋于完美。

（三）发挥教育作用

小组合作交流中，学生可以学会尊重别人的意见，接受别人的批评，从而在处事上变得更加宽容和谦虚；同时小组合作交流是一个集体活动，在小组活动中，学生可以学会组织协调、学会情感交流、学会团结交往、学会取长补短、学会谅解接纳、学会奋力拼搏，学会自我管理、自我教育、自我完善；另外，小组合作交流有利于学生"互助""合作""合群""民主"以及"求实""求是""求真"等道德观念和时代意识的形成与发展，并能培养学生的集体意识和对集体负责的精神。

三、小组合作学习的类型

根据课堂教学内容的需要，大概有以下几种教学模式：

（一）竞争式合作学习模式

两个或更多学生针对同一学习内容或学习情景，在课堂教学中进行竞争性学习，看谁能先达到教学目标的要求。

（二）合作式学习模式

指多个学生共同完成某个任务。在共同完成任务的过程中，学生发挥各自的特点，相互争论、相互帮助、相互提示或者进行分工协作。

（三）伙伴式合作学习模式

在学习中选择更多的学习伙伴，创造更多的学习机会，在课外教学活动的延展中，遇到问题时，双方相互讨论，从不同的角度交换对同一问题的看法，直到问题得到解决。

（四）角色互换扮演式合作学习模式

让学生分别扮演学习者和指导者的角色。学习者负责解答问题，而指导者帮助学习者解决疑难。在学习中他们的角色可以互换。

四、小组合作学习的实施方法

（一）科学分组

1. 划分小组

按照班级人数进行小组划分，人数以六人一组为宜，同时还要考虑到组内成员的知识基础、学习能力、兴趣爱好等因素，让每组能够基本上均衡，同时还要考虑到学生的座位情况，尽量能够采取就近组合，这样能够减少学生交流的障碍，便于课堂教学操作。

2. 细化分工

组内进行细化分工，责任到人，发挥带头学生的作用，每组推选一名组长，由组长负责分配工作给每一名组员，如记录人、发言人、搜集资料人，并且轮流更换，使每一个人都能得到有效的锻炼，都能展示自己的领导和组织才能。

3. 改变课堂座位的组织形式

传统的座位组织形式不利于学生之间相互交流，现在开会都采用圆桌会议，因为圆桌便于相互交流，教学中我们不妨也采用这种形式，让几名组员围在一起，或者是把几张桌子并成一个长方形，让学生面对面坐，营造良好的合作学习氛围，激发学生合作学习的欲望。

（二）创设情境

课堂中的小组合作交流学习应自然融入课堂教学设计之中。在课堂教学中，教师应有意识地围绕教学内容，创设便于小组交流的语境或情境，引导学生在小组活动中发散性地、创造性地思维。

1. 富有想象的问题环境

创设让学生自主参与的情境，教师不仅要提出可供学生思考的问题，更应该创设有悬念的情境，让学生主动提出问题，产生主动参与的兴趣。学生能从不同的角度去审视和想象，能提出各种各样的问题，这样新课一开始就会把学生带入一个新的境界，使他们在求知欲的驱使下饶有兴趣地进入学习的状态。

2. 充裕的时空环境

这里的时空环境一方面是指在小组合作时教师要给足学生讨论、交流的时空，让各种不同程度的学生的智慧都得到尽情的发挥。另一方面，往往是教师最容易忽略的，那就是小组合作之前学生独立思考的时空，只有学生经过独立思考，对所要研究的问题形成了初步的认识，才会有交流的需要和能力，才能进行有效的学习。因此教师在布置合作学习时，要留给学生充足的时间圈点勾画，读读想想，让学生自己去尝试、去感悟、去发现、去酝酿。经过独立思考，学生对问题的理解和解决就有了自己的见解，为后面的合作交流提供了"厚实"的基础，才能碰撞出个性化的火花。

3. 热情的帮助环境

全班十多个小组中，能力各不相同，教师应因组而异，为学生提供必要的启发式帮助。教师要以一个普通合作者的身份，自然地参与到有困难的小组中去，让学生觉察不出因本组水平低而需要教师的帮助。

4. 真诚的激励环境

适时适当的激励，可以起到事半功倍的效果。首先教师要有意识地给学生多创造一些表现的机会，以激发他们奋发向上的热情，为他们的成功学习创造条件。

（三）合作时机

在语文教学中实施小组合作学习，就要求教师要学会把握学习的时机，才能体现出它的价值。

当遇到教学的重难点时，可以引导学生进行小组合作学习；遇到突发的、具有价值的生成性资源时，可以组织学生进行小组合作学习。

（四）科学评价

合作交流的评价主要目的是为了全面了解学生的语文学习历程，鼓励学生的学习和改进教师的教学。对语文学习的评价要关注学生学习的结果，更要关注他们学习的过程。评价分过程评价和结果评价，其中以过程评价为主，主要评价学生在小组活动中的行为表现、合作精神、参与程度以及学生在活动中情感、态度、能力的生成变化。

1. 教师与学生之间的评价交流

学生在学习过程中，教师要适时启迪、点拨、组织评价交流。教师评价学生，要关注学生的个性差异，不要用完美无缺的答案作为评价结果的唯一标准，而要根据学生的回答情况，分析肯定其中积极的因素，然后帮助提出改正的方法。要根据具体问题，采用分步肯定的方法进行评价，评价结果的描述，应采用鼓励性语言，发挥评价的激励作用。使学生体验到参与评价交流获取知识后的成功感和喜悦心情。这样的评价交流，能较准确地反映出学生的学习水平和能力，能充分调动学生的积极性，形成各抒己见、生动活泼的课堂氛围，建立和谐、民主的师生关系，同时能帮助学生树立自尊心和自信心，提高学生学习语文的兴趣。

2. 学生与学生之间的评价交流

学生之间的评价交流，有利于促进学生发展。课堂教学中，教师要让学生真正成为语文学习的主人，必须创设情境，全面客观、适时、及时地让学生主动参与评价交流，从而激发学生学习的情感，促使学生积极主动投入各项学习活动中。学生之间的评价交流可采用自我评价交流和相互评价交流的形式，学生在自我评价交流中，教师要善于引导学生思考自己在问题解决中的成功之处和不足之点进行自我评价。因为，他人的评价，只有通过自己的反思，才能转化为自己的智慧。

四、卓越少年成长课程

"只有将德育建立在看得见、摸得着的载体上，才可能形成具体而生动的德育，才能不断地提高德育的实效性。"为此，我们以学校卓越理念为基本培养目标，并围绕其精神内涵，将学校已有的德育课程资源进行较为全面的整合，形成了一〇三特有的德育课程体系。

（一）德育学科课程

德育学科课程主要是通过挖掘渗透于各门学科中的德育资源，对学生进行德育教育的一种方式，学科教师通过研读课程内容和课程标准，关注情感态度与价值观目标，根据不同年级不同学科的自身特点，挖掘任教学科具有的独特系统，将德育教育融于课堂教学的各个环节。特别是道德与法制课，更是对学生进行系统思想品德教育、养成良好品德和行为习惯的重要途径。

（二）德育主题课程

学校德育教育贯穿于理想信念教育、社会主义核心价值观教育、中华优秀传统文化教育、生态文明教育和心理健康教育之中，寓德育教育于各种活动中。活动是中小学开展教育教学的重要模式，也是学生道德形成和发展的重要途径，更是学生喜欢的一种学习方式。在活动中充分激发学生参与的积极性，充分挖掘活动的意义，这样学生的道德认知和道德情感就会在潜移默化中发展。活动是学生学校生活的主要构成部分，也是对学生进行思想道德教育的重要资源和载体。为满足学生成长的需要，围绕着中华传统节日、国家重大节庆日、纪念日和主题教育日，学校设立了九大德育主题课程和六大校节。

九大德育主题课程包括："帮助别人，快乐自己"主题课程；"缅怀先烈，爱我中华"主题课程；"劳动魅力，青春飞扬"主题课程；"垃圾分类，从我做起"主题课程；"友善团结，幸福阳光"主题课程；"勿忘国耻，强我中华"主题课程；"携手文明，向祖国献礼"主题课程；"安全在我身边"主题课程；"诚实守信，青春信条"主题课程。

1."帮助别人，快乐自己"主题课程

为进一步弘扬雷锋精神，倡导社会文明新风，深化学雷锋活动，结合革命传统教育、责任教育，培养青少年关爱他人、服务社会的优良品质，加强我校精神文明建设，掀起学雷锋活动新高潮，丰富我校特色德育课程的内涵和形式，我校开展"雷锋伴我行，关爱暖心间"主题系列活动。通过主题课程，广大师生以"向雷锋学习"题词纪念日为契机，开展形式多样、扎实有效地学习雷锋活动。加深学生对雷锋精神的认识和理解，促使学生自觉主动地在学习生活中时刻关注雷锋精神，长期形成学雷锋的氛围。

材料三：

"雷锋伴我行，关爱暖心间"学习雷锋活动月倡议书

敬爱的老师，亲爱的同学们：

大家好！1963年3月5日，毛泽东同志亲笔题词，发出了向"雷锋同志学习"的号召，雷锋的名字响彻大江南北，一个普通战士的光辉形象牢牢地印在了千千万万中国人的心中。

雷锋同志，他将一生的光和热都奉献给了人民，真正做到了"把有限的生命投入到无限的为人民服务之中"。在火车上，他会为其他乘客捡东西，为有需要的人让座，为工作人员打扫列车，当他看到因丢了车票而着急的乘客时，会主动为其买票，当他看到因找不到儿子而无助的老奶奶时，会主动帮其寻找，这一切在他眼中已经如同习惯。

四十多年来，雷锋精神已深深融入了中华民族的精神血脉，并越来越强烈地展现出与时俱进的鲜活生命力。有身患重病、仍然坚持助学的歌手丛飞，有20年行走在邮政路上、兢兢业业工作的邮递员楷模王顺友，有不辞辛劳、连年奋战的青藏铁路的工作者，他们书写了一页又一页的奉献史。

"雷锋"，在中国已经不只是一个名字，他已经深深地植根于中华民族的传统精神。雷锋精神就是服务人民、助人为乐的奉献精神，是干一行爱一行、专一行精一行的敬业精神，是锐意进取、自强不息的创新精神，是艰苦奋斗、勤俭节约的创业精神。

在今天这个特殊的日子里，校团委决定在全体同学中开展以"雷锋伴我行，关爱暖心间"为主题的学雷锋活动，在此我向全体同学提出如下倡议：

第一，学习雷锋助人为乐、勇于奉献的精神，从现在做起，从自我做起，从身边小事做起，热心帮助身边的同学，主动清洁扮美班级，为班级发展尽一份力。

第二，弘扬雷锋克己奉公、热爱集体的精神，付诸实际行动，共创文明长春。全体同学在班级团支部的带领下，以班级成长共同体为单位，自觉为校园清扫卫生，主动捡起地上的垃圾，抵制在学校的墙面和课桌椅上乱涂乱画等不文明行为，共同创建一个美丽的校园。

亲爱的同学们，不要认为奉献有多难，只要有一颗真诚之心，有一份关爱之情，从每一件我们能做的小事起做，你可以扶盲人过马路，你可以为有需要的人让座，你可以扶起摔在地上的小朋友。有一种行为叫帮助，有一种情感叫博爱，有一种永恒叫奉献，让我们学习雷锋，满心博爱，热心帮助，真心奉献，让雷锋精神与时代同行，与世纪同步！

长春市一○三中学政教处、团委

材料四：

三月情暖一〇三 四季雷锋同行
——记长春市第一〇三中学校三月志愿服务系列活动

序章

阳春三月，春风暖心。一股"学雷锋"的春风吹拂着神州大地的每个角落，"奉献，友爱，互助，进步"的志愿服务精神荡涤于你我每个人的心里。

"志愿精神的核心是服务、团结的理想和共同使这个世界变得更加美好的信念。"志愿服务是人类宝贵的精神财富，是联合国精神的最终体现。为认真贯彻落实习主席新时代中国特色社会主义思想和党的十九大精神，进一步营造向上向善、诚信互助的社会风尚，提高我校学生的志愿服务意识。我校组织开展了一系列以"帮助别人，快乐自己"为主题的雷锋月志愿活动。

志愿服务活动标志

第一章 "帮助别人，快乐自己"主题升旗仪式暨主题月启动仪式

为了号召全校师生以实际行动向雷锋同志学习，立足校园，整治校园环境卫生，走进社区，服务社会，3月5日，在雷锋纪念日这一天，我校开展了"帮助别人，快乐自己"主题升旗仪式。八年二班学生代表穆雨轩同学做国旗下讲话，号召同学们在别人需要帮助时献出一点点关爱，以行动学习雷锋精神，让雷锋精神永远传递在我们美丽的校园里。

届时，长春市第一〇三中学校"帮助别人，快乐自己"主题月系列活动启动仪式召开,将通过"谁是我的天使"主题班会、校园之声广播站、"最美一〇三人"真实事迹征集、"学雷锋 爱老兵 我为老兵送快乐"走进荣军院、"爱与奉献同行"馆校联动雷锋故事宣讲等诸多活动来丰富同学们的课余生活,提高全校师生的志愿服务精神。

国旗班参加升旗仪式

为了增强学生的志愿服务意识,学校着眼于身边的小事,寻找感动师生的最美一〇三人。由学生自愿申报,以叙事的文体书写身边的好人好事,经过前期的筹备、学生的自愿申报和团委及语文组老师的评选,最终确定41名同学为最美一〇三人。

三月中旬,学校以展板的形式将这些最美一〇三人展示在一楼大厅,让每位同学都可以领略到帮助别人的快乐。同时,校园之声广播站也每周相约播放这些好人好事,将雷锋精神真真切切地传播到整个校园。

4月16日升旗仪式过后,由秦校长和袁校长亲自为获奖班级和个人颁发证书。愿雷锋精神永驻,志愿服务常在。

秦洪国校长为获奖者颁奖

第二章 "学雷锋 爱老兵 我为老兵送快乐"主题活动

为弘扬志愿服务精神,传承老兵的爱国主义精神。3月26日,八年三班全体学生作为学校代表,协同学生家长代表与柏合新家志愿者结伴怀揣感恩之心乘车到公主岭荣军院慰问老兵、服务老兵、感恩老兵。此次活动由袁波校长带队,大家真切地感受到了那段峥嵘岁月。

八年三班学生到荣军院慰问演出

看到和蔼可亲的老兵爷爷时,同学们不由自主地想为老兵爷爷做些力所能及的事情,有的为老兵爷爷打来温水,为老兵爷爷洗脚、按摩,帮老兵爷爷理发,陪老兵爷爷聊天,听老兵爷爷们讲抗美援朝的那些故事,大家仿佛又回到了那个战火纷飞的年代。文艺组的同学们为老兵爷爷表演配乐诗朗诵、歌曲伴舞《映山红》,还为卧床不起的老兵爷爷唱《红星照我去战斗》。当孩子们将一条条红色的吉祥手链戴在老兵爷爷的手腕时,他们的眼眶湿润了,相信他们会健康、长寿。相信孩子们会将老兵爷爷勤俭节约、全心全意为人民服务的精神永远传承下去。致敬老兵,感恩老兵,让我们成为雷锋精神、老兵精神的传播者、弘扬者和实践者!

第三章 "爱与奉献同行"馆校联动雷锋故事宣讲活动

为弘扬和培育新时代雷锋精神,促进精神文明建设和良好风尚形成,3月23日—31日,长春市第一〇三中学中学部和小学部共同开展了"爱与奉献同行"馆校联动雷锋故事宣讲活动。此次宣讲活动,我校与吉林省博物院联合开展,共同学习"雷锋精神",掀起新高潮、形成新常态,大力弘扬"奉献、友爱、互助、进步"的志愿精神,努力营造"我为人人,人人为我"的良好校园氛围。

经过吉林省博物院老师的培训，讲解员们学习了专业的体态、站姿、指板手势等，以更专业的姿态认真负责地为同学们进行志愿服务讲解。

馆校联动雷锋故事宣讲活动

通过了解雷锋同志的一生，学习雷锋同志的精神和事迹，培养了广大学生关爱他人、服务社会的优良品质。

结束语

学雷锋志愿服务是加强社会主义精神文明建设、培育和践行社会主义核心价值观的重要内容，是推进我国社会文明进步的重要标志和重要力量。这一系列活动增强了学生关爱他人、奉献社会的责任意识，培养学生从身边的每一件小事做起，在实践中增长才干，养成良好的生活习惯，培养崇高的社会责任感。

相信在一〇三志愿服务浓厚的氛围下，一〇三全体师生会在今后的学习生活中把礼貌带进校园，把微笑带给同学，把孝敬带给家人，把谦让带给他人。

2. "缅怀先烈，爱我中华"主题课程

为缅怀先烈的丰功伟绩，发扬光荣革命传统，培养学生的爱国主义情怀，每年4月1日学校都组织清明祭奠先烈主题教育活动。学校通过举行主题升旗仪式、到解放碑祭扫等活动，对学生进行爱国和感恩教育。活动的开展，旨在教育学生们敬怀先人，懂得感恩，回报社会，激发其爱国主义情怀，增强历史使命感和社会责任感。"缅怀先烈，爱我中华"

校本主题课程分别在三个校区操场及长春市解放纪念碑前举行。全体师生用鲜花表达哀思，用诗歌诵读表达感恩之情，用志愿活动践行理想与追求。

这既是长春市第一〇三中学校传统活动课程，也是践行社会主义核心价值观系列主题教育课程之一。每年的这一天，师生们都用同样的方式来表达自己的这份心情。在活动中，师生们将无限的悲哀，化作坚定的信念来告慰英雄的忠魂。同学们自己策划、组织，井然有序，是一次能力的提升；自主参与，感悟内化，积极践行，更是一次思想的洗礼，为个人的发展奠定了坚实的基础。

材料五：

先烈回眸应笑慰，擎旗自有后来人

——记我校进行"缅怀先烈，爱我中华"校本主题课程

又是一年清明节，长春市第一〇三中学校"缅怀先烈，爱我中华"校本主题课程分别在三个校区操场及长春市解放纪念碑前举行。全体师生用鲜花表达哀思，用诗歌诵读表达感恩之情，用志愿活动践行理想与追求。

课程活动共由三个部分组成：第一部分纪念先烈，寄托哀思——"主题升旗"；第二部分传承先烈精神，奠基理想——"经典国学诵读"；第三部分中华圆梦，我之责任——"志愿服务活动"。

这既是长春市第一〇三中学校传统活动课程，也是践行社会主义核心价值观系列主题教育课程之一。每年的这一天，师生们都用同样的方式来表达自己的心情。

"缅怀先烈，爱我中华"活动中学生接受电视台采访

在活动中，师生们将无限的悲哀，化作坚定的信念来告慰英雄的忠魂。同学们自己策划、组织，井然有序，是一次能力的提升；自主参与，感悟内化，积极践行，更是一次思想的洗礼，为个人的发展奠定了坚实的基础。

材料六：

"缅怀先烈，爱我中华"
——长春市第一〇三中学校学生向烈士敬献花篮仪式

在全国第五个烈士纪念日来临之际，9月30日上午，我校六、七年级700名同学作为学生代表参加了向烈士敬献花篮仪式。在庄严的烈士纪念碑前，嘹亮而雄壮的《中华人民共和国国歌》奏响，全体人员肃立向烈士默哀，少先队员献唱了《我们是共产主义接班人》，并向烈士敬献了花篮和鲜花，同学们用崇敬的心情瞻仰烈士纪念碑，参观了烈士纪念馆，聆听先烈故事，了解革命先烈的英雄事迹。

经历了此次活动，我们的学生更深切地了解了那段革命的历史，革命烈士为了革命胜利抛头颅、洒热血，为了民族独立和人民解放而英勇牺牲，用鲜血和生命换来了民族的振兴发展、祖国的繁荣富强。铭记历史，缅怀先烈，更要学习革命先烈的高尚品德，同时也要珍惜来之不易的幸福生活。

同学表示："今天参加烈士公祭活动很激动，我们要向革命先烈们学习不怕苦不怕牺牲的精神，好好学习，将来把祖国建设得更加美好强大贡献力量。"

学生在烈士纪念碑前的合影

3. "劳动魅力，青春飞扬"主题课程

通过"劳动魅力，青春飞扬"主题课程，对学生进行热爱劳动、学会劳动、感悟劳动的生活教育。

我校学生参加南关区青少年纪念五四运动剪影

本次活动本着"自主性""开放性""实践性""整合性""连续性"原则，开展系列劳动教育课程活动，培养学生的劳动情感，增强学生的基本劳动能力，促进学生劳动习惯的养成和全面发展。一是向全校师生做了《热爱劳动，拥抱快乐》主题演讲，号召同学们加入到劳动的热潮中来，自己的事情自己做、大事小事都能做、尊重他人的劳动，树立"劳动最光荣"的正能量，传承中华民族劳动创造历史的传统美德，做一个热爱劳动、拥抱快乐的人。二是开展劳动故事分享会。各班级举行了伟人和名人劳动故事分享会，生动地讲述了老一辈无产阶级革命家的经典劳动故事，同学们认识到伟人们名人们并不骄奢，他们尊重劳动，践行劳动；劳动是光荣的，劳动是崇高的，劳动者是伟大的，劳动者是美丽的。三是举办"家庭劳动日"。同学们化身为"小家长"，认真体验了一把"当家"瘾，积极进行家庭劳动，为家庭做贡献，叠被子、刷鞋、包饺子、炒菜，人人动手，样样能干。从他们的家务劳动自评单中老师们和家长们看到，孩子们体验到了"我长大了"的这份成长的自豪和喜悦。四是组织校园劳动岗志愿者招募和岗位服务活动。学校精心为全体同学设定了分餐员、实验室管理员、图书管理员、园丁、桌凳修理工、内务小教官、宿舍保洁员、厕所保洁员八个校园劳动岗位项目。劳动体验持续一周，课程老师和项目负责老师密切合作，以"校园劳动岗"评价单为载体，对学生进行劳动出勤、劳动态度、劳动质量、劳动业绩四个方面的评价考核。五是举行总结表彰大会。老师们通过同学们的交流分享评出班级"家庭劳动日小明星"，对同学们参与劳动周课程的情况进行总结表彰，向他们颁发了奖状。向全校师生发出崇尚劳动、尊重劳动、辛勤劳动、诚实劳动、创造性劳动的号召。

4."垃圾分类，从我做起"主题课程

结合"6.22地球日"，从保护地球出发，倡导垃圾分类，人人有责。

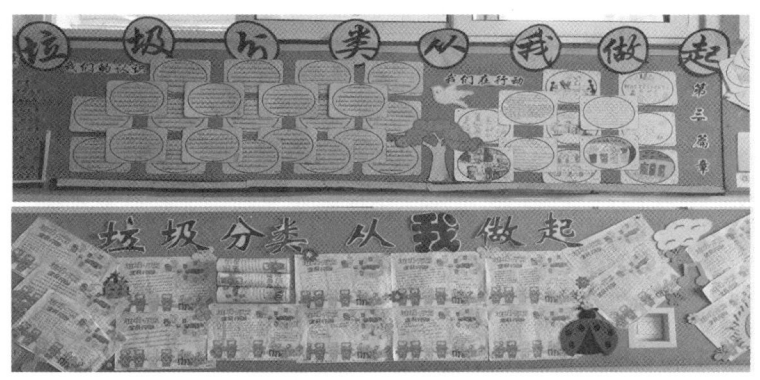

"垃圾分类，从我做起"展板

5."友善团结，幸福阳光"主题课程

通过"帮助别人，快乐自己"主题课程和"谁是我的天使""友善团结，幸福阳光"主题课程对学生进行社会主义核心价值观教育。通过一系列的活动，已经在我校形成了良好的学习和实践社会主义核心价值观的良好氛围。在系列活动过后，我们对各年级学生进行了访谈，学生谈了自己的感受，表示定会在今后的学习生活中，践行社会主义核心价值观，努力学习，为实现祖国的富强而努力。

材料七：

"党旗下，我们在行动——你有危难，我们支援，爱心汇聚，情暖校园"一〇三中爱心义卖活动

2018年10月13日，是中国少先队建队69周年纪念日，为了纪念这个特殊的日子，增强队员们的责任感和使命感，10月12日，我校六、七、八年级举行了以"党旗下，我们在行动——你有危难，我们支援，爱心汇聚，情暖校园"为主题的大型爱心义卖活动。本次爱心义卖筹得的善

款有22573元，所得的善款都将捐给本校六年一班身患白血病的李林泽同学。

爱心义卖启动仪式

我校六年一班李林泽同学于8月14日确诊为白血病，为了帮助他渡过难关，我校六、七、八年级全体同学倡议发起一次校园义卖活动，通过号召大家捐赠闲置物品，建立一个互通有无的平台，提高物品使用率，减少浪费，同时，把闲置的东西通过义卖的形式变换成现金，直接帮助患白血病的李林泽同学。

10月12日中午，阳光明媚，同学们在学校操场依次摆好义卖的物品，物品琳琅满目。有可爱的娃娃、精美的饰品、各式各样的笔记本，励志书籍，这些物品有些虽然在家里搁置已久，但依然丝毫不损它们的价值，还是夺人眼球、令人驻足！活动开始后，场面非常火爆，每个桌子四周都围满了同学，推销员颇有生意头脑，买二送一、打折销售，还有的同学穿着玩偶服装招揽"顾客"。不仅是同学们，老师们也积极参与到献爱心义卖活动中，师生们纷纷慷慨解囊。这个暖意浓浓的中午，同学们不仅买到了自己想要的商品，得到了锻炼，学会了合作、筹划、理财、记账等，也是对生命的一种感悟。最重要的是，在这次的爱心义卖的活动中，同学们都能够为帮助他人而尽一份力，主动担负起回馈他人、回报社会的责任。这也是对我校校训"诚信、责任"最好的诠释。

此次义卖活动圆满落下了帷幕。同学们的点滴爱心，点滴奉献，终将从点滴幸福汇聚成幸福的暖流，流淌于每个人的心间。最后，让我们共同为他祝福，祝福他在与病魔斗争中取得节节胜利，尽早回到我们一〇三中学这个温暖的大家庭中！

孩子们整理义卖款及火爆的义卖现场

6. "勿忘国耻，强我中华"主题课程

为纪念九一八事变，进一步加强对我校学生历史责任感和使命感的教育，培养更深的爱国主义情感，我校团委每年定期组织"勿忘国耻，强我中华"主题系列活动。主题德育活动的开展，切实加强中学生的理想信念教育，引导学生树立梦想，从小立大志，长大报国家，意义深远，影响深刻。进一步感悟"少年智则中国智，少年强则中国强；不忘过去，铭记历史"的深刻内涵。同时学校学生发展中心还联合伪满皇宫博物院在我校多功能厅不定期举行"爱国主义流动大课堂"活动，学校将伪满皇宫爱国主义宣讲团请进校园，他们将东北沦陷史以宣讲、话剧、歌唱等丰富多彩的形式呈现在同学们的面前，同学们被血的事实所震撼，爱国、爱家乡之情油然而生。

学校将开展理想信念教育同各种节庆活动和科普宣传周活动结合起来，在全校普及科学知识，倡导文明新风，全校的整体文明程度和整体素质显著提高。

7. "携手文明，向祖国献礼"主题课程

材料八：

"携手文明，向祖国献礼"主题活动月倡议书

文明礼仪是中华民族的传统美德，它反映了我们个人的内在气质风度、道德情操、精神风貌，还代表着一个集体外在形象。为了创造一个明礼诚信的优良校园文化环境，使人人养成健康文明、积极向上的良好习惯，学校决定在这个秋风送爽、丹桂飘香的季节里组织开展"携手文明，向祖国献礼"主题活动。

今天借此机会，我向大家做出如下倡议：

1. 做到"四带给"

（1）将文明礼貌带给校园：遵纪守法，行为规范，明理守信。

（2）将微笑带给同学：互助互爱，宽厚待人，学会谦让。

（3）将孝心带给长辈：学做家务，感恩父母。

（4）将爱心带给社会：公共场合言行文明，多做好事，见义勇为，乐于奉献。

2. 做到"三管好"

（1）管好自己的嘴，不说脏话，不随地吐痰，不大声喧哗，不说谎话闲话，不吃零食。

（2）管好自己的手：不乱扔果壳纸屑，不在墙上乱涂、乱刻、乱画，不破坏花草树木。

（3）管好自己的腿：不随便走出校园，上下楼梯要靠右侧通行，不在楼内跑跳打闹，不践踏草坪。

3. 开展"三创建"

（1）创建文明教室：按时上课，不迟到，不早退，不旷课，尊敬老师，认真听讲，保持室内卫生，创设优美的教室环境，营造浓厚的学习氛围。

（2）创建文明班级：班级事务人人有责，维护班级荣誉，参与班级管理，共同创建文明班集体。

（3）创建文明校园：遵守校纪班规，爱校如家，自觉维护校园环境，提倡文明风尚，不做有损学校、班级名誉的事。

菁菁校园，优良学风，靠我们全体学子孜孜追求，才有其累累硕果；师生和谐，崇德尚纪，靠我们全体学子言行相随，才有其蔚然成风。就让我们携手努力，从自身做起，用自己的实际行动宣传并践行文明礼仪，树立文明进取形象。让文明之花绽放在十月，让礼仪之风永远盛行在我们的校园。

"携手文明，向祖国献礼"主题板报

材料九：

"携手文明，向祖国献礼"主题系列——"中华文明大讲堂"

长春市第一〇三中学校"携手文明，向祖国献礼"主题系列德育活动如火如荼地进行着，属于这一系列活动之一的学校文化宣讲团近日开展了为期四天的以"中华文明大讲堂"为主题的宣讲活动。此次活动中，从宣讲稿件的选取到PPT的制作均由学校九年级文化宣讲社团的学生自主承担、合作完成，他们利用每天中午午休的时间为广大同学带去了精彩的宣讲。

宣讲现场高潮迭起，阵阵掌声此起彼伏，《红楼梦赏析》让金陵十二钗的形象栩栩如生地展现在师生面前，使大家加深了对"贾、史、王、薛"四大家族荣衰的了解，体会到了当时社会多姿多彩的世俗人情；《丝绸之路》让众人的目光再次投向这条在风沙中历经沧桑、沉默已久的路，仿佛还可以透过千年的时光，看到它的繁荣与昌盛；《中华英雄谱》的宣讲，令同学们为之振奋，中华民族，文明之巅，众多英雄人物抛头颅、洒热血，为中华之崛起付诸一切……这一场场宣讲真可谓激动人心，互动环节更是掀起了宣讲的一波波高潮。

此次活动的开展，不仅丰富了同学们的业余生活，而且更能让同学们了解中华文明之美，激发他们的爱国热情，激励同学们从自身做起，树立文明进取形象，用自己的实际行动宣传并践行文明，携手共建明礼诚信的校园。

8. "安全在我身边" 主题课程

通过主题课程的学习，让学生了解交通、意外事件中必备的安全知识、强化生命安全的主体性，能够时时刻刻注意安全，增强自我保护意识，并把自己学到的安全知识传达给身边的人，做安全教育的宣传员。

材料十：

学宪法——国旗下讲话稿

亲爱的老师，同学们：

大家好！

我今天讲话的题目是《学宪法讲宪法》。大家都知道，国有国法，家有家规，校有校纪，没有规矩不成方圆。一个国家没有严谨的法律支撑怎么可能得以快速发展呢？在我国，这部根本性法律便是——宪法。

作为当代的学生、社会的中流砥柱、时代的新兴者，在维护与践行宪法方面当然有不可推卸的责任。而要践行法律就要先了解其内容，熟悉相关的条例，在知法的前提下做宪法的践行者。宪法规定了公民的基本权利与国家的根本制度，在国家中居于最高地位，具有最高的法律效力，其在内容上规定了国家的根本性问题从而成为其他法律规范的渊源。

"勿以恶小而为之，勿以善小而不为。"小小的松懈便可能酿成一次大的失足。同学们，当你心情很不好，准备行动时，请你想一想自己的行动是否触犯了法律；当你受到不良侵害时，你又能否运用法律知识来保护自己呢？但是你从内心真的明确地知道何为违法，何为犯罪吗？如果不清楚，那就让我们努力吧！努力了解法律知识，宣传法律知识，号召大家共同行动起来，不要让因为对法律的无知而造成的悲剧在校园中上演。

历经岁月和风雨的洗礼，在2019年的尾声，我们迎来又一个12.4，一个非比寻常的日子，是值得每个人为之自豪、热血沸腾的日子，中华人民共和国的法制宣传日。作为新时代的学生，让我们挑起繁荣祖国的重担，在现代化社会的潮流中，冲破艰难险阻，学好文化知识的同时，丰富我们的法律常识，健全我们的法律知识，养成遵纪守法的良好习惯，严格要求自己，共建和谐校园，共建人类文明！做一名知法懂法的好青年，中国好公民！谢谢大家！

普法讲座现场

9. "诚实守信，青春信条"主题课程

为创建一个明礼诚信的优良文化环境，在丰富学生业余生活的同时，让学生了解中华文明之美，激发他们的爱国热情，激励他们从自身做起，树立文明进取形象，用自己的实际行动宣传并践行文明，使人人养成健康文明、积极向上的良好习惯。

材料十一：

培育良好家风家训活动

良好的家风在我们的成长过程中起着关键的作用，是我们终身的财富。孩子们在良好家风的熏陶下，耳濡目染，按照良好家风的内容来塑造自己的行为，形成良好的人生习惯，成就美好的人生。为了践行社会主义核心价值观，弘扬中华民族传统美德，引导全体中小学生传承好家风，传递社会正能量，我校中小学定期开展了丰富多彩的"培育好家风，传承好家训"系列主题活动。形式多样的传承最美家风主题活动，以良好的家风、家训、家教发挥家庭教育在学生成长中的重要作用。

全校学生分年级组通过书法、绘画、手抄报、主题班会等形式来展现书画艺术的魅力和重家庭、重家教、重家风的优良传统。在2017年3月末，政教处组织专业教师对此次活动作品进行了评选，并征集了部分学生的优秀作品推荐到区教育局。通过本次家风家训主题活动的开展，为孩子健康成长营造良好家庭环境，家校携手，进一步提高了中小学生对中华传统美德和社会主义核心价值的认知水平。

学校以班级为单位下发了"一〇三中小学优良家风家训作品征集表"，以家庭为单位征集——我的家风家训和我对家风家训的阐释和解释，班级进行汇总，老师与家长们进行了有效的沟通，利用从古至今大量的文字、哲理、图片，用事实和案例为自己的班集体上了一堂家风家训的课程，家长们的积极参与对本次活动的开展奠定了良好的基础。实施过程中家长们非常重视，孩子们都收获颇丰。家长们各抒己见，争先恐后地将自己家的家风家训在班级QQ群里共享，这也是一种无声的学习，正能量的家风家训带给孩子们的都是财富，在日常的生活中潜移默化地影响着孩子的心灵，塑造着孩子的人格，是一种无言的教育、无字的典籍、无声的力量，是最基本、最直接、最经常的教育形式，它对孩子的影响是全方位的，孩子的世界观、人生观、性格特征、道德素养、为人处事及生活习惯等，每个方面都会打上家风的烙印。同时，学校积极动员家长，配合学生将自家的家风家训通过故事、诗歌、小品、话剧、歌曲等形式予以诠释，在班会上展示给全班的同学欣赏，同时也作为班级庆祝元旦活动的突出性节目大力宣传并积极落实。

我校于2017年6月，举行了"善行一〇三，最美家风"主题队会家长开放日活动，让家长走进校园，走进课堂，强化学校特色活动建设，推进学校素质教育的发展。家长们纷纷来到孩子所在的教室，与孩子们一起，在丰富的队会活动中感悟孩子成长的点滴。活动中，有的表演了经典诵读，孩子们同经典相伴，与圣贤同行，在经典诵读中尽情吮吸着古典文化的甘露，追寻文明之源。有的表演的以诚信为主题的快板，温暖而感人，快板里折射的诚信理念，浸润着现场每一个学生、家长的心灵。还有家长和孩子一起表演手语舞《感恩的心》，表达对父母、老师、朋友的感谢。以家长开放日的形式开展活动，通过整合社会、家庭的力量，凝聚学校和家庭的智慧，形成教育的合力，在活动中体验、在活动中成长，共同享受一〇三的幸福教育。

我校还将陆续开展家风、家训、家教推选活动，把社会主义核心价值观融进课堂、融进教材、融进校园建设，使核心价值观落细、落小、落实，让学生们看得见、记得牢、践行好。

（三）德育专题课程

1. 文明礼仪课程

重视学生的养成教育，四月份，学校开展了"文明礼仪伴我行"活动。开展了《中小学生守则》与《小学生日常行为规范》的知识竞赛，学生遵规明礼的意识得到了增强。

2. 法制教育课程

法制教育是学校素质教育的重要组成部分。加强学校的法制教育，努力培养造就具有法制观念和法律意识的新一代，对于实施党和国家依法治国方略具有长远的历史意义和重要的现实意义。鉴此认识，学校十分重视法制教育，通过不断的学习、广泛的宣传、系列的活动，收到了较好的教育效果。

我校还聘请了法制副校长、法律顾问。对学校的法制工作认真做好过程性督查和指导，促进了学校法制教育工作有条不紊地开展；开展宣传教育，提高学生法律意识。坚持做好学生的法制教育工作，以活动为载体，通过一系列的教育活动，让学生从中受到思想熏陶，激起他们的时代责任感和遵纪守法的强烈意识。

扫黑除恶讲座

3. 生命安全课程

泰戈尔曾经说：“教育的目的应该是向人类传递生命的气息。”这启发我们，教育是基于生命的事业，教育之"育"应该从尊重生命开始，是发展生命、完善生命，并最终使得个体生命实现自我价值和社会价值、获得幸福人生的伟大事业。新教育认为，课程的丰富性决定了生命的丰富性，课程的卓越性决定了生命的卓越性。长春市第一〇三中学的"研发卓越课程"就是要在执行国家课程、地方课程和校本课程的基础上，鼓励教师对教材进行第二次开发和新的整合创造，通过课程的创新使课堂成为汇聚美好事物的中心。

为进一步培养学生的安全意识，提高应对突发事件、自然灾害实施自救和互救的能力，新学期伊始，创新中学开展了形式多样、内容丰富的系列安全教育活动。

学生参加禁毒知识竞赛获奖及义务宣传禁毒知识

（四）德育实践课程

实践活动课程，强调以学生的生活经验以及生活中的问题为核心，其活动内容可以根据不同地区、不同学校、不同班级和不同学生群体而制定。实践活动课程以学生的现实生活和社会实践为基础进行开发，如开展关爱弱势群体、参观大型企业等活动。

1. 开学第一课——军训

军训带给学生的不仅仅是身体上的锻炼，还有思想上的熏陶，意志上的锤炼，留给学生印象最深的是军人严谨的作风、坚强的毅力以及不怕苦、不怕累、严守纪律和艰苦朴素的精神，学校领导经常到场关心指导工作，与学生进行良好的沟通；医务室全天开放，医疗小组随时为我们提供医疗服务保障；全体班主任全程跟班，兢兢业业，一丝不苟，全身心投入，与学生同甘共苦。这些都是军训顺利开展并取得成功的有力保障。

材料十二：

青春　成长　历练
——记长春市第一〇三中学校2017年新生军训体验课程

金秋九月，艳阳高照，长春市第一〇三中学教育集团全体初一师生来到九台市土门岭金穗军训基地接受了入学后第一次身体上的锤炼和精神上的洗礼。为期四天的军训体验课程徐徐落幕，但昨日训练的口号依然在耳边响起，自信和威武的军人风范仍然充斥着全身，那种喜悦、兴奋、自豪和感动，时刻萦绕在脑海与心灵深处。

烈日下，站军姿，踢正步……虽然同学们站得汗流浃背，双腿酸痛，但仍然坚持，同时也深深体会到"苦"乃军训之首。这些苦让同学们明白并相信军训是正式进入学习生活之前十分重要的一次历练，也是人生不可多得的一笔财富。

军训开营仪式

教官规范的指导、细心的讲解,时刻向同学们诠释着榜样的作用。

军训中认真学习的孩子

训练之余的消防演练,同学们用实际行动证明"我们时刻将安全牢记心中"。

军训中的消防安全演练

激情澎湃的篝火晚会将同学们的训练之苦一扫而光，在歌声与舞姿中尽情彰显青春的个性与张扬。

经过了这次军训，学生们获益良多。自身的身体素质得到了加强，学会了更好地生活，学会了团队精神，学会了自信，学会了拼搏；锻炼了意志，锻炼了毅力，锻炼了品格。期待他们以健康、潇洒、自信的姿态迎接人生中新的一页。

2.走出校门，体验社会实践

社会实践活动，是指学校有目的、有计划地组织学生走出校门，了解社会、服务社会的教育方式。旨在提高思想认识，陶冶情操，培养为人民服务的良好思想品德。学生在社会实践过程中，很自然地要走出书本，走入社会，通过融入社会、贴近自然、感触生活，增加对社会的认识与理解、体验与感悟，并能够在此基础上反思社会现象，发展批评思考能力，从而增强社会责任意识。〇三中学根据学校的班级实际情况，组织学生开展如下社会实践活动。

材料十三：

榜样示范　砥砺成长
——记长春市第一〇三中学教育集团国防体验课程

为了弘扬伟大的爱国主义精神，培养和塑造学生自律、勇敢、坚强的意志品质，长春市第一〇三中学教育集团与长春理工大学联合举办了一场初一新生军营教育体验活动。

当日下午，长春市第一〇三中学教育集团八百余名初一新生来到长春理工大学空军二航院国防班，参加了二航院国防生的军训生活教育体验活动。活动期间，国防班领导和教官全程陪伴，为同学们讲解国防班的特色文化、军队现代化标准、连队内务等内容。

通过到军营寝室参观、观看队列表演、体验军营氛围、感受军人风范等活动，对学生来说既是一种纪律教育，同时又丰富了他们的课余生活。进一步增强了学生热爱祖国、献身国防、遵纪守法、严格自律的意识，对其思想认识和价值观的树立影响深远。学生们纷纷表示：军人们雷厉风行、坚决果断的品质让他们深深地感受到了彼此的差距。部队生活不只有眼前的苦与累，更多的是对自己的锻造与磨炼，因此对部队的生活十分憧憬。

校领导和老师们与官兵合影

师生与官兵合影

本次活动不仅让学生们受益匪浅，也让同行的老师们感慨良多。亚泰校区的学年主任卢萍老师说："这次活动不仅让孩子们增长了见识，还让他们学到了部队的优良作风。希望以后经常开展这样有意义的共建活动！既锻炼了孩子们的毅力，又使他们感受到了同学友情、师生情谊。"

少年智则国智，少年富则国富，少年强则国强！爱国是炎黄子孙的优良传统，是华夏儿女的民族精神，是中华民族屹立于世界之林的根基所在。一〇三中学教育集团德育主任刘雨老师说："我们学校与理工大学开展这次活动，一方面是为了进行爱国教育，培养学生们自立、吃苦的意识和奋发向上的精神；另一方面也通过现场体验军队的氛围，让学生们感受祖国国防力量的强大。"愿青少年一代继承发扬宝贵的爱国主义精神，承载起民族复兴的伟大梦想！

3. 假期志愿服务活动

为践行社会主义核心价值观，增强学生的社会责任感和提升社会实践能力，长春市第一〇三中学校从2012年就成立了"爱相随"志愿服务社团。服务社团下设宣讲志愿小队、环保志愿小队、文艺志愿小队、图书管理志愿小队。日复一日，服务社团的同学们活跃在学校的每个角落，默默地为师生服务。志愿者们积极响应号召，参与到社会实践中去，在实践中锻炼能力，在活动中丰富青春，展现出当代青年人的社会责任感。从温室走向风雨，从书本走向社会，呵护了祖国花朵的成长，在孩子们的童年中耕耘出一方土地，播撒下善良的种子。

学生假期志愿服务活动

时代需要志愿者精神，也需要更多的志愿者。衷心希望不久的将来，一〇三能有更多同学投入到志愿服务的队伍中，为更多需要帮助的人们带去温暖，带去关爱，让文明扎得更深，让爱传得更远。

五、卓越少年成长育人团队

《中国教育现代化2035》中提出了推进教育现代化的八大基本理念：更加注重以德为先，更加注重全面发展，更加注重面向人人，更加注重终身学习，更加注重因材施教，更加注重知行合一，更加注重融合发展，更加注重共建共享。为了能让孩子们成长为卓越的少年团体，我们学校聚焦三级卓越少年培养团队的建设，通过与课程、培训相结合的方式不断提升与完善育人团队的素质。

（一）卓越少年成长班主任育人团队

班主任队伍是学校教育教学的中坚力量，班主任队伍素质的高低直接形影响到人才培养的质量。在学校中，班主任是使学校内部各种力量形成合力的纽带，班主任是班级的组织者、领导者和教育者，是学生成长过程的教育者，是学校教育决策、计划的执行者，是班级各科教育、教学的协调者，是学校、家庭、社会的沟通者；是学生美的心灵、健康人格的塑造者。"一个优秀的班主任就是一个教育专家。"班主任自身素质如何，直接关系到青少年健康卓越成长。所以，在学校工作中，建设一支具有良好的业务素质、结构合理、相对稳定的班主任队伍是至关重要的。

1. 班主任培训的理念

（1）理念之一：校级班主任教研活动是班主任培训的关键

班主任团队的校级研究是提高班主任教师的最为有效的途径。研究表明，班主任教师真正的成长不仅仅在于岗前培训，也不仅仅在于教育教学过程中的脱产培训，更不能把眼光总盯在外出学习，而应当积极提倡——学校即研究中心，班主任会即研究平台，班主任团队即研究者。班主任教师能力的显著提高是在班级管理实践中实现的。

（2）理念之二：形成在研究状态下的工作方式

究竟哪种培训方式对班主任帮助最大？一项调查显示，87%的班主任教师认为，结合自己的工作经历和经验，利用学校现有资源，班主任团队全过程的研究、反思、改进，是最好的培训，也是班主任成长最快的途径。

2.班主任培训的目标

我校班主任队伍建设的总体目标是建设一支师德高尚、业务精良、学生满意、家长放心、能适应社会发展要求、学校教育需要的高素质班主任队伍。通过教育实践活动，把努力提高班主任的道德素质与工作水平放在首位，以提升学生思想素质为宗旨，不断更新班主任教育观念，深入开展实践研究，不断更新教育观念使其成为学生做人之师、做事之友、道德之楷模、行为之榜样。从而初步构建具有鲜明校本特色的班主任队伍管理和培养模式，造就一批具有鲜明个性、勤于实践、乐于研究、敢于创新的优秀班主任。

3.班主任培训的途径

（1）让班主任在书香中成长

阅读是吸纳，是积累，是根基，是底气，善借他山之石可攻顽玉，善吸古今书香可充实自己。正如一位老师所说："阅读改变不了人生的长度，但可以改变人生的宽度；阅读改变不了人生的起点，但可以改变人生的终点。""问渠那得清如许？为有源头活水来。"我们的班主任应享受阅读的快乐，感受精神生命的呼吸。我校班主任定期举行读书交流会，老师们在浓浓的书香中徜徉，只要行动，就有收获。

（2）让班主任在案例中成长

撰写教育案例是班主任走向成熟与睿智的捷径，在教育生活中，我们鼓励班主任善于发现、善于记录那些鲜活生动的事例。用情，用理，娓娓叙写，在写中重现情景，在写中苦思良策，在写中提升自我。一篇篇教育随笔，一个个教育案例，伴随班主任的成长。

（3）让班主任在反思中成长

赖联群老师说："一个案例是一个点，在点上反思；积点成线，在线上反思；连线成面，在面上反思。"写教育反思是一个老师尤其是班主任老师不可不做的一件事。在反思中成长，在反思中积累智慧，在反思中升华自己，这应是我们永恒的理想。苏格拉底说："没有反思的生活，是不值得过的生活。"反思与写作是我校班主任老师的必修课。经验＋反思＝成长，这是教育心理学家波斯纳博士提出的教师成长公式。经验＋反思＋学习＝更快的成长。

材料十四：

典型班主任教育叙事——为孩子的自尊撑起一把伞

每个人都有自己的个性和尊严，而青春期的孩子，他们的个性更加凸显，自尊心也会特别强烈。自尊甚至是他们自我意识中最敏感、最容易冒犯的部分，他们会努力通过各种方式维护着自己的尊严，所以在对于问题的思考与处理上往往更容易带有盲目性与片面性，可能会不理智地处理问题。教师应是守护学生心灵的卫士，切不可随意伤害学生的自尊心，而尊重本身就是一种富有鼓舞作用的教育方式。

孩子的初中阶段是世界观人生观形成的重要时期，在孩子的一生中起着承上启下的重要作用，孩子在小学时养成的好习惯需要在初中阶段得到巩固，而初中阶段又会为他们高中甚至大学的学习和生活打下坚实的基础。初中阶段，孩子们的独立意识越来越强烈，容易受外界影响，慢慢步入青春期的孩子无论是身体上还是心理上都发生了显著的变化。

所以在这样一个特殊的时期，只有保护好孩子的自尊心，才能培养孩子的自信与担当，为孩子的未来发展奠基。

　　班主任不仅是一个普通的教育工作者，更是一个心理教育家，用心来解除学生学习上、心理上的各种障碍，让他们扬起对学习生活的自信与希望。教育经历让我日行且珍惜，珍惜的不仅是跟孩子们相遇、相识、相知的这份缘分，更珍惜孩子们给我提供的一个个教育的机会，孩子们就像是含苞待放的蓓蕾，我能做的就是用爱、用心、用智慧去浇灌，精心地呵护，然后静静地守候花期的到来。

　　事件回眸：时光定格在十五年前，刚刚走入班主任行列的我，跟学生亦师亦友，深得学生喜爱。记得班级里有一个女孩子，她性格外向，平日里喜欢跟男孩子打打闹闹，校服上的拉锁好像从来就没好用过，而这个"女汉子"骨子里却透着几分倔强。一节数学课上，她正偷偷地看着课外书，如痴如醉，哪知道我这个年轻的班主任怎么肯放过这么好的一个展示我洞察力的机会。我快步走过去，敲敲桌子，伸出手，眉毛一挑，好像在说："拿来吧！这回你没啥可说了吧！"她抬起头，先是皱着眉头，接着把书往桌子上一摔，直接把头转向教室墙壁。我虽然有些尴尬，但还是从桌子上捡起那本书，然后继续上课。现在回想起来，如果说当时年轻的我还算是比较冷静，而接下来发生的事情是真的让我始料不及。第二天的一节课的课间，下课铃声刚刚响起，作为一名班主任的我习惯性地推开教研室的门，要去班级看看……吓了我一跳，只见她倚在办公室门口，像昨天我向她伸手要书一样，把手伸向我，面无表情，语气生硬，"我来取书！"当时，我瞬间不知道该说什么，怎么办？如果我不给她，会怎么样？看这架势，必会两败俱伤，我灵机一动，"你来得正好，我正想找你，把书还给你呢！来，进来吧！"我牵着她的手，她要躲，被我拉住，看我面带微笑，她居然不好意思地低下头，接过书。"这本书倒是不错！"我又笑着摸了摸她的头，她始终低着头没有抬起。后来的几天，她再也没在课堂上看过课外书，只是一直低着头。我找了一个机会，单独跟她聊了聊,她也慢慢向我敞开了心扉,我们聊了很多,她的家庭,她的爱好,她的好友……我们谈完话起身时,我走到她身边,把她的校服拉锁拉了上去,她看了我一眼,我笑着说:"还是这样好看,像个女孩子!"她挠挠脑袋,笑了,校服的拉锁就这样拉上了。而我们成了真正的朋友,无话不谈,慢慢地,她开始跟女孩交朋友,夏天穿起了裙子,留了长辫子,学习成绩虽然没有突飞猛进,但是稳中有升。记得初三百日誓师时,别人都抱着妈妈,她走到我的身边,抱着我,在我耳边轻声说:"张老师,谢谢你!"就这简单的六个字,我已热泪盈眶,这就是为师者的特有的春暖花开吧!这让我不禁想起钱理群先生说的"做教师真好"这句话。我们面对的是鲜活的生命,他们带着蓬勃气息,带着成长困惑,更带着对未来的渴望,而我们的工作方式是要投入巨大的情感,用教育的方式唤醒他们,让他们脊梁挺起来,血液流起来,成为一根根有思想的苇管。

班主任的思考:回眸事件的整个过程,第一个问题点出现在我处理她上课看课外书的节点。这是一个特殊的女孩,应该差异平和地对待,取而代之的处理方式可以是,敲敲桌子,提醒;亦可以提问她一个问题,点到为止,可我却选择了当众揭穿,满足了自己的成就感,却伤害了一个孩子的自尊。但是接下来的处理很好地扭转了局面,没有因为她"摔书"激化矛盾,没有因为她"要书"升级矛盾。相反,用了"以柔克刚"的方法,给自己一条后路,留有思考的空间,最重要的是让孩子感到老师对她的尊重与宽容。虽然他们只是十几岁的孩子,但是他们是有着丰富感情的生命,他们是可以感受到老师的爱的,爱与尊重是相互的,只有换位思考体会孩子的感受和情绪变化,同孩子产生心灵共鸣,才能得到孩子的信赖,保护好孩子的自尊,让他们健康自信地生活学习。

尾声:一粒种子尚且需要精心呵护,才能发芽生根,何况是一个孩子!而让孩子发挥自己最大潜力的方法,就是尊重、鼓励与赞美,这会在很大程度上促使孩子进步,并会让他们在生活学习中更加努力,成为一个积极自信的人！教育不是一个结果，是一个过程，要像农业生产一样精耕细作，在我们用灵魂去播种，用感情去浇灌，用智慧去修剪的同时，请记得为孩子的自尊撑起一把伞！

4.班主任培训的具体实施方法

（1）学校高度重视班主任建设，德育工作室制定德育计划及德育课程，为班主任培训实施落实提供方向。

（2）成立班主任工作坊，组织优秀班主任宣讲团，定期按时间节点给班主任培训。如中小衔接中出现的问题、班级文化推荐会。

材料十五：（班主任培训课程系列）

班主任培训课程（一）

以中小衔接问题为主题的培训课程

从小学进入中学是孩子学习生活方面的一次飞跃，抑或是人生历程中的一次转折。多数孩子在老师和家长的帮助下，经过自身的努力是能够顺利地从小学过渡到中学的。但是，也有不少孩子在小学时学习成绩很好，表现也不错，一旦进入中学以后，不仅学习成绩下降，甚至思想表现也不如小学好。

一、中小衔接的问题

（一）心理上的不适应

从小学到初中这一时期对于学生而言，其个性心理品质正处于一个重要的转型时期，即从相对的儿童心理特征向青少年的心理特征转化。初一的孩子们正处于青春期，身体心理都悄悄地发生着变化，面对这些变化，他们情绪比较焦躁，又要适应新的环境，容易产生紧张焦虑的情绪。该阶段学生心理特点如下：

1. 希望得到新老师、新同学的关注，但不会适当表达。
2. 自我意识觉醒，但因自控能力不足而产生焦虑。
3. 学习热情高、求知欲强，但缺乏恒心和持久力。
4. 曾经小学阶段的优秀生，到初中因失去优越感而失落。

（二）初中生活的不适应

班主任管理方式不同，更加高效严格；学校环境不同，学生自由支配的时间减少。

（三）初中学习节奏的不适应

小学和初中的差异有如下几方面：学习科目增多，容量加大，要求学习有计划性；学习内容难度加大，教学进度加快，要求调整学习方法，提高学习效率。

二、回顾问题，引发反思

为了做好中小衔接，让学生快速适应初中生活，班主任要做到以下几点：

（一）做有温度的老师

1. 参与到孩子们的活动中，增进师生之间的感情。

2. 跟孩子们一对一地谈心，让孩子有自我认同感。

3. 孩子出现问题时，给予更多的包容和理解。

4. 学会放大学生的闪光点，激发学生的自信心和责任感；

5. 做有温度的家校沟通，让家长在老师的引领下科学育儿。

案例：开学第一天，孩子们坐在干净整洁的教室里，如入新家一般开心。开学一周了，班级桌布配齐了，水晶板铺好了，打印机正常工作了，而这一切不是岁月静好，而是有人替您负重前行！看到一可妈妈双膝贴着膏药给班级干活，外面下着雨的周末，到班级量桌布尺寸，张老师真的万分感动！想到小一可，虽然成绩不理想，但是那么善良，那么真诚，张老师承诺，孩子，无论你最终成绩如何，只要你能坚持，张老师绝不放弃，陪你一路前行，哪怕是匍匐前行，也必定会有张老师为伴！看到能干的华伟楠的爸爸妈妈，每次大事小事，班级有求必应，张老师真的舍不得用，心里除了感动，还有动情！想到伟楠，文静，宽容，学习上积极努力，张老师也承诺，只要你努力，张老师必将持续助力，祝你登顶，看到更美的风景！看到言语不多、默默无闻的家阳爸爸，每次有任务，回复的表情都是"收到指示"，然后就是干活就完了！我也不知道该怎么感谢，怎是一句"谢谢"可以表达！我的私人助理小帅哥家阳，跟爸爸一样一样的，只要您有事，我，马上到！上阵父子兵！很看好他，希望他能勇往直前，张老师相信你，取长补短，舍我其谁！张老师陪你往前冲！我们主席，运筹帷幄，大小事宜，班级发展，煞费苦心，不计个人得失！

这不正是大班长身上的优秀品质吗？就像交流中主席说过的一句话，我们要看到孩子三年、三十年后，而不是眼前！确实学习不是全部，张老师不会让大班长因为学习而苦恼，必然持续助力，希望你奋起直追！写了很多，想说的是，班级是大家的，是孩子们的班级，是家长们的班级，是张老师的班级，这个我们大家都知道。每次有家长做贡献时，大家都会以主人的身份回复"谢谢"，因为我们都是家庭中的一员，有责任有义务为班级服务，用实际行动向孩子们诠释什么是关心集体，什么是团结一心！最后，感谢大四班全体家长的大力支持与配合，感谢主席带领下的家委会成员的付出！张老师也必定全力以赴，带领我们的老师团队跟孩子们一起不断努力，不断登高，不断进步！

（二）建立有温度的集体

1.开展有温度的活动：集体生日会、综合实践活动（亲子型）。集体生日会，庆祝的形式并不奢华，但学生一句句祝福的话语，一首首抒情的歌都传递着一种心情，表达着一份心意。通过活动让学生懂得关爱同伴，分享快乐，提升班级凝聚力及班集体的温度。假期由家委会组织户外活动、综合实践活动，家长孩子共同参与，增进师生及老师和家长、孩子和家长的关系，提升了班集体的温度。

2.提升同学友情的温度（生病时的关怀）。由共同体组长带领小组成员录小视频送温暖，帮忙记作业！提升了同学间的友情的温度。

3.布置有温度的班级环境。既有恒温的生日墙，又有火爆的PK板，还有一年四季变幻的共同体评比台。总之，班级环境温馨不压抑。

4.做有温度的活动总结。每次活动结束后，通常在全班面前表扬优秀，发现问题，提出批评。但是教育效果似乎没有预想的好。

案例：

"班级文化推荐会"分享：经过一周多的时间准备，大四班班级文化推荐会如期在全校开放！还记得排练时，雨霏新声音不够洪亮挨了批评，掉下了眼泪，付裕因为注意力不集中，扣了好多分，姜棣新稿子不熟练，写了好几遍，熙雅因周末准备不到位，自责到下课都在背稿，王子铭虽然生病了，为了不影响班级荣誉，坚持参加，大雁身体不好，坚持到中途才被老师劝说离开……还记得排练时只有过一次是完整的，每次都被张老师叫停，有和风细雨的点评指导，更多的是鸡头白脸的指正，这臭脾气，只有我的孩子们能包容，在这里谢过我可爱的孩子们对张老师的包容！张老师曾对你们说，珍珠之所以能成为深受人们喜爱的珍珠，是因为它能承受蜕变的痛苦，能隐忍磨砺的痛苦，最终才能完美蜕变！过程是辛苦的，结果是美好的，就像我们体操比赛得了第一名一样，那份心情真的无以言表！真正的班会开放时我们只用了一节课时间，正正好好，不多不少，几乎没有一个人卡壳，尽管孩子们对我说，张老师我们都紧张得不行了，可是我一点儿都没看出来！因为你们已经准备得很充分了，所以虽然紧张，但依然很棒。看到别的班同学用美慕的目光看着你们每一个人的展示，看到老师们为你们竖起了大拇指说真是好班的学生，听到校长说，大四班让她刮目相看时，我跟孩子们一样激动，我们，都想说，大四班，我们是最棒的！点睛之笔，贾洪博说，张老师，我没表现好，我说已经很棒了，他说我卡壳了，我说，这是正常的，已经很不错了！接着他说了一句话，我很感动，他说，张老师，我觉得我进步了，以前当着这么多人的面，我是绝对不敢说话的！为了这句话，张老师值了！加油！我的大四班！张老师爱你们！

（三）制定有温度的班级制度

1. 人性化。比如孩子刚刚升入初中，面对突如其来的作业量，有时可能会写得很晚。面对这样一个情况，我就在第二天跟孩子们说，如果再出现这种情况，没写完的部分就不必写了，只需要家长的一份说明即可。这样做既让孩子们感受到规定的人性化，又让家长感到老师对学生的关爱。

2. 示范化。比如早自习到校后做些什么、怎么做的问题，比如小组加分的问题，虽然小，但是如果不再早期做好示范引领，会影响以后的班级管理。

3. 平等化。比如班规的制定中，除了有对同学的要求外，我们班还有对老师的要求，"不乱压堂，不乱生气，作业适量，通情达理"，这是学生对老师的要求，我们还由共同体组长负责监督老师们。让孩子们感受到班级里处处是平等的，所以班规一旦制定没有理由不认真执行。

总之，在中小衔接过渡中，把这种"突变"变成"渐变"，在"渐变"中顺利完成小学升初中的衔接过渡，最大限度地减少小学升初中过程中的痕迹，将会使孩子们完整、连续、和谐地步入初中！

班主任培训课程（二）
班级班委会职能部门工作开展的培训课程

一、班委会职能部门的设立

以班长为核心，下设各部，包括班主任助理、学习部、生活部、体育部、宣传部、文艺部、档案部、策划部、微机部，这样10个部门每个部门4个人，有3个部门5个人（这是对于能力比较弱的同学2个顶1个），最终实现了全班都是班干部的伟大愿景。

二、班委会组织机构的产生

每一届新接手的班级，我们班的班委会都是大约在1个月到2个月之间产生，因为如果不经过长时间观察，就直接任命，会出现干部能力差、群众基础差、成绩特差、自律性差的同学担任重要的岗位负责人，而在撤换人选时会对学生造成不同程度的心理上的伤害。在观察期，我会跟全班同学说，你擅长哪方面，或者哪方面能力强，可以在观察期试任，也可以换岗，又或者不愿意试岗的，也可以观察别人管理的班级事务哪些适合你做，为班干部竞选做好准备。

组建初期注意的问题：

1. 全员参与的原则。为了让每个孩子都能有机会锻炼管理能力，开学伊始就宣布必须全员参与班级管理，让孩子们做好选择和竞选的准备。选出四届班委会，人人有岗。

2. 强弱搭配的原则。四届班委会中的主要管理人员能力趋于平衡，如果班长弱些，学习部长就强些，或者生活部长强些，这几个部门是比较重要的，工作也比较多，所以必须每一届里都有强者。

3. 各取所长的原则。每个人竞选时，首先要明确自己的意愿，根据自己的特长申报岗位，如果人数超过标准，就需要竞争上岗了。

4. 协调下的自愿组合的原则。确定好每一届中的重要岗位后，其他部门采用资源组合的原则，这样会使各部门之间工作配合更加默契。

组建后期注意的问题：

1. 加强培训。刚刚进入初中生活，有的同学没有做过班干部，所以如何开展工作，怎么工作，怎么跟同学交流，如何跟老师沟通，这些真的需要学习。所以一般几个重要岗位的第一次培训都由我来主讲，其他岗位由能力较强的班长或部长负责培训。而上岗之后，就从各个岗位上选出优秀干部进行培训。这样经过培训后班委会必然在工作中会顺利一些。当然也会随时发现问题，随时谈论总结，寻求解决问题的办法。可能您会说，小孩会培训啥？就是整事，那您又说对了，我觉得整事整时间长了就是真事，整景整时间长了就是风景！就是得在事务上把他们当成成人对待，在心理上把他们当成小孩对待。其实说到培训，真的是一个好的培养孩子能力的途径，包括培训和被培训的孩子。

2. 岗位重置。在工作了一段时间之后，我们会发现有些岗位中的部分工作适合孩子，有些不适合。这时就需要及时调整，比如一个学期结束的时候，就拿班长职务为例，四个班长中有的气场强自律性强适合管理班级纪律，有的细心适合抓各部门工作，那我就把班长工作分成两部分，常务班长和纪律班长，其他部门也是一样，根据自己的工作特长进行岗位重置，再次定岗，这样干部工作起来也会得心应手。

3. 跟进干部工作评价。有时因为干部工作纷繁复杂，所以出现问题也会较多，可能还会偶尔因为工作遭到批评，有时因为刚刚上岗时的新鲜感和荣耀感已经慢慢殆尽，可能出现职业倦怠，所以在平时的工作中尽量多赞扬，少指责，树立干部威信便于开展工作。鼓励为主，指导到位，多教方法，单独批评。然后就是要有干部福利和评价，比如定期召开干部会议，进行工作总结：这一周你们各部门做了哪些工作？哪些比较满意？还有哪些工作可以开展？希望老师和同学给予怎样的帮助和配合等。因为班干部也隶属于共同体，所以我们每天都有有效工作的职务加分，每周都有优秀团队的职务加分，还有就是把一些好的机会给干部中表现突出的同学，再有就是不定期地召开部门会议时，适当地给予物质奖励！

三、班委会日常工作的开展

1. 明确职责。班委会成立之后，各个部门分别召开会议，确定自己部门的工作任务。尤其是老师不在的空当时间段，班干部如何各负其责，管理好班级。明确管理时间、管理内容、管理方式。

2. 下放权力。及时传达并落实学校精神。我是每次班主任会后就给应届班委会成员开短会，传达会议精神，落实任务，比如要补订校服，生活部长负责统计上报，上下楼纪律问题体育部负责，课间纪律班长负责，考场布置班主任助理和生活部负责，学校评价完成情况微机部负责，更换板报宣传部负责等等。其次，每次有任务都有相应的加分奖励，比如出一期板报或走廊文化，不仅需要宣传部还需要其他有这方面特长的同学帮忙。我就给负责同学20分的加分权利，让他按照贡献分配给参加同学。

四、班委会与共同体的融合

这两个部门不是相互独立的，而是相互关联的，班委会干部都是共同体的成员，共同体的成员也都是班委会的干部，班干部的表现可以给共同体带来荣誉。有的班级把四届班委会分别编成四个共同体，这样也很便于管理与评价。

班主任培训课程（三）
班级活动开展的培训课程

一说起学习的话题，似乎学生都感到压力倍增。确实学习只是生活的一部分，根据多元智能，孩子们需要各种平台来展示自己的特长；不能把所有的时间都用到学习上，学习压力是需要释放的。教师可以在活动中发现学生的特长，并给予学生鼓励，从而增进师生情感，建立学生的自信心。我们班开展的活动是常态化的，形式多样的活动既能发挥学生特长，又能增进班集体的凝聚力。

下面我就介绍一下我们班开展的活动：

根据班级出现的问题，学生上课发言声音小，我们开展了"我是朗读者"的朗读大赛；对于语文古诗不爱背诵的现状，我们开展了"诗词大会"；针对班级个别同学缺少体育锻炼，我们开展了"篮球投准大赛"；孩子们对传统节日缺少了解，甚至不知道中秋、端午是几号，该吃些什么食物，我们班集体举行了一次"四班庆中秋，师生共团圆"主题活动；发现部分同学书写不过关，班级举行了小字比赛"书法打擂台"；发现有个别小孩偷偷画漫画，班级举行了"漫画大赛"，于是偷偷画的现象少了，大大方方画的越来越好了，何乐不为！跟家长交流时，发现孩子超级逆反，不懂得心疼父母，我们就跟家长一起带着孩子们走进了孤儿院，"关心关爱，温暖寒冬"的慰问活动让孩子们感受到有爸爸妈妈在是一件多么幸福的事！班歌比赛结束后就要期中考试了，如何收回孩子们的心呢？《期中考试，我怕谁》（视频），这学期我们又进一步改进为团队PK，分别组建了"疯狂地球MEN"战队，PK他们的是"淡定'盯着'队"，还有一部分师徒组合，他们分别建了微信群，每天完成作业后，由队长组织在群里共同复习！此时此刻期中考试正在进行，相信他们的付出必有回报！因为各种活动的开展，孩子们的能力大大提升，集体荣誉感大大增强。于是在七年级团体操大赛中，我们班以93.5的平均分位居全校第二，年级第一；班歌大赛中，用高水平的演唱，倾情演绎，一曲《夜空中最亮的星》响彻报告厅；班级文化推介节中，作为首批首个班级开放，孩子们用实际行动为班级文化代言，积极地推介着引以为傲的班级文化。这不，体育部摩拳擦掌地做好了准备，期中考试后约战隔壁班级！

作为一名老师，一名班主任确实肩负重任，我们很难。我们不同于医生，医生是治病救人，即使没有救治成功，那么也情有可原，毕竟本来就有病，是不健康的事物，而我们不一样，在我们身边的是一群鲜活积极阳光的生命，虽然单凭我们的力量不能改变所有人，也不能改变他们的所有，但是我们必须在他们最美好的季节里，用心、用智慧去浇灌，然后耐心等待，无论花儿是否开放，何时开放我们都无怨无悔！谢谢大家！

经过一段时间的管理经验的积淀和提升，结合学校具体实际，针对班主任管理，落实一系列行之有效的管理制度。加强班主任管理制度的建设和创新，实现以制度管人、以制度服人、以制度培育人、以制度发展人的管理方式。如建立各项常规制度，以指导班主任的工作，使之能正常健康地开展，如班主任一日常规工作制度、班级工作检查制度、家访制度、班级德育考核制度等。如文明班级量化评比制度的实施，可以把班主任工作的管理引入到规范化轨道上，使班主任工作更细致、更深入、更全面、更具有条理性。通过加强制度管理，促进班主任工作上轨道上水平。

（二）卓越少年成长心理育人团队

中学时期常常被人们喻为多事的季节，心理学上称之为"心理断乳期"，处于这一时期的学生年龄分布在13—18岁，属于少年期和青年早期，俗称为青春期。这一时期的学生们心理发展具有显著的特点：他们的生理趋向成熟但心理半成熟，社交经验空白，渴望独立，却又依赖现实；他们情感强烈，却又不懂得该如何正确表达；他们渴望自己能被像成人一样对待，希望被同龄伙伴、异性对象和家庭成员理解，却又因为无法得到满足而产生心理闭锁；他们自我形象模糊不定，喜欢成为人群中的焦点，却总是表现不佳。人际交往、亲子关系、师生关系、同伴关系逐渐成为他们生活难题中的一部分。在他们主战场——学习领域，完成学习任务对许多中学生来说，并非是轻而易举的事。他们可能会因为学习方法和考试方法不当，或对学习内容不适应，而在学习上感到困难重重，但对事关命运前途的学业成绩却不得不时时挂在心上。他们对考试心存恐惧，却又必须面对。如此之多的状况不可避免地对中学生的心理健康发展造成不良影响，孤独、抑郁、焦虑等情绪接踵而至，如果不及时引导，他们的心灵都是随时可能颤抖或崩塌，身心健康会亮起红灯，成为他们发展的阻力，更有甚者会做出反社会的极端行为，甚至是走上违法犯罪的道路。

因此，从中学生个体发展的角度来看，心理健康是其成长中的重要组成部分，中学生心理健康教育是促进学生良好品德形成、促进学生学业事业成功、保证学生正常健康生活与发展以及整个社会发展的重要前提和保证，更是这个时代赋予我们心理健康教育教师的神圣职责。我们是学生的引路人，帮助学生完善和发展心理素质，纠正其个性发展中出现的偏差，解决学生的人际交往、学业、情感方面的困惑，同学校的其他部门以及班主任、家长一起，为学生们的心理发展保驾护航。

1. 心理健康教育的理念

我校心理教育工作的特色是"生态心理教育"，它具有健康、绿色、可持续发展的精神内涵，追求的是最真诚的人文关怀和最珍贵的生命呵护。因此，一方面，我校的心理健康教育并不是"健康"与"不健康"

的教育，而是关注人的教育，是以促进人的发展、学生的发展为其根本宗旨的教育；另一方面，学校对于心理健康教育的定位不在于咨询和治疗，而在于学生心理问题的预防和早期发现、早期解决。春风化雨，润物无声。通过学生的主动参与和积极体验，将最真挚的爱，内化为学生内心最强大的生命力，给每位学生一副强健的翅膀，向着美好的梦想飞翔。

2. 心理健康教育的目标

一〇三中学的心理健康教育被称为"生态心理教育"，它植根于我校"生态教育"的沃土。我校打造的生态化的教育模式立足于尊重人、信赖人、发展人、激励人、成就人的基本信念，为学校师生提供的是共存共荣、互惠互利、和谐开放、主动发展、个性发展、持续发展的教书育人的格局。生态心理教育是其中的重点课程，是目标生态化德育系统中的重要一环。因此，我校心理健康教育的目标是着眼于提高全体学生的心理素质，在启发式教学的前提下充分开发学生的潜能，培养学生乐观向上的心理品质，促进学生人格的健全发展，争做卓越少年！

3. 心理健康教育的工作内容

（1）心理健康教育的软件和硬件条件

我校现有四名专职心理教师。面对几千名学生，要想全面开展各项心理教育工作，并把工作做实求精仅靠四位心理教师是远远不够的。我校在本区独创了校外心理志愿团队的工作机制，请来十余名社会志愿者与我校建立了长期合作关系，他们都拥有国家二级心理咨询师的资质，拥有丰富的心理辅导的经验，极具爱心和奉献精神，他们作为我校兼职心理教师，定期到我校进行个体咨询、个体或团体沙盘以及主题心理讲座。校内心理教师与校外心理志愿者构成了学校强大有力的心理工作团队，大家定期进行读书交流分享活动、心理咨询案例的研讨及心理教育工作的交流研讨，大家共同服务于学生的心理健康，共同成长和提高。

2019年学校从心理教育工作的需求出发，对学校的心理咨询室进行了精美的设计与装修，形成了规范的心理健康教育分区：教师办公区、个体咨询室、个体沙盘室、团体沙盘室、音乐放松区、发泄室。在这些不同的功能区内配备了相应的办公家具、心理健康教具、图书、心理软件测评系统等。目前我校的心理硬件条件已在全区遥遥领先。

强大的心理专业团队加之先进的硬件条件，构成了我校独有的心理健康教育工作环境。在校领导的大力关心和支持下，我校的心理健康教育始终走在全区的前列。

（2）建设生态心理课堂

心理健康课程是创设心理健康教育氛围的主要渠道，我校的心理健康课立足于健康、绿色、可持续发展的精神内涵，关注学生成长的现状，重视课堂上随时生成的教学资源，努力培养具有自主发展能力、积极向上、勇于克服困难、自信自强、拥有蓬勃生命力的祖国未来的建设者。在生态心理课堂中，教师从认知、情绪控制、人际交往等多方面进行引导，向学生的生命中注入源头活水，力图让每一个生命都焕发出勃勃生机。教师同时也及时发现个别学生在成长中遇到的问题，从而有针对性地进行个体或团体辅导，并开发系列心理课程，防患于未然。

在心理健康教育课堂中，教师始终坚持以学生体验为主，引导学生探讨日常生活中的问题，培养学生解决问题的能力。在课堂上积极开展学生小组讨论，培养学生自主发现问题、解决问题的能力。教师争取每节课完成一个主题，所设定的主题都是与学生的需求紧密结合并精心设计的。例如，现在家庭成员沟通普遍缺乏沟通技巧，加之中学生正处于叛逆期不愿意和父母沟通，面对这样的现状，心理教师精心设计了"我和父母心相通"主题课程，有效地引导了孩子和家长之间的沟通。还有"春光无限不自留"是针对学生浪费时间严重、缺乏管理时间的技巧与能力而开展的主题课程，"给你点赞"是针对学生人际交往不会赏识对方、赞美对方而设计的。

在七八年级的心理课程中，针对学生在心理测量中反映出的问题——部分学生存在复原力较低和困扰较高的问题，教师在课堂上会重点培养学生面对逆境、创伤、悲剧、威胁或其他重大压力时的良好适应能力，引导学生接纳现实并战胜现实的能力，提高学生在危机时刻寻找生活真谛的能力以及提升随机应变想出解决办法的能力。针对八年级反映出的早恋和网瘾问题，教师也设计了两节专题课程，《别让你的心感冒——克服网瘾》《青春期的那些事之早恋》让学生了解到早恋和网瘾的危害以及如何去应对。同时，教师还将心理学中的正面管教引入课堂，并在六年级班级中进行了实践。引导学生研讨制定班级的行为规则、学习致谢、设立情绪角等好的自我发展的方法。活动为期半年，以正面管教为核心的18堂社会情感课获得了学生和家长们的高度认可。

（3）个体心理咨询和团体心理辅导

任何一个人要想有足够好的发展，就必须有健康强大的心理做支撑。我校心理教师通过课堂努力帮助学生提升心理素质的同时，也积极地向学生传递了心理辅导的作用，使学生认识到学校的心理辅导是针对健康人群的心理成长，能够起到帮助他们解决内心的困惑、减缓压力、提升自信并发掘内心成长的动力等作用，让学生走出对心理辅导认知的误区。一〇三中学的学生并不避讳去心灵小屋，他们把去做心理辅导看成一件自豪和幸运的事。学生们知道学校的心灵小屋是专门帮助他们成长的。门口有预约箱、预约单和笔。当他们遇到心理困惑时，他们会主动地来到心灵小屋填写心理咨询预约表。也常有几个孩子相约组成一个共同成长的小团体，来到心灵小屋做团体沙盘。尝到过心理辅导甜头的班主任还会将团体沙盘游戏作为一种班级的奖励机制，奖励一周内进步较大的小组去做团体沙盘游戏，以激发学生的团队精神。这种做法促使学生会为自己的团体更加努力这一行为的出现，他们为能去参与一次团体沙盘游戏感到无上光荣。有些学生在课间遇到心理老师，会高兴地告诉老师，这一周他们小组赢得了做团体沙盘的机会。在他们做团体沙盘的时候，每个人都格外珍惜来到心理咨询室的机会，他们会谈到自己是如何努力，如何纠正自己的错误，让自己变得更好。

我校心理辅导的时间主要集中在三个时间段：早上7点至7：40、9：30至10：00、12：00至12：30。还会根据学生的需求随时开展咨询，同时针对一些家长的需求也会在下班后与家长进行交流和沟通。

心理教师对七年级心理测量中筛查出的困扰较高同时复原力较低的学生发出邀请，在他们接受的前提下开展心理疏导。心理教师也会定期与班主任进行交流，反馈学生情况，班主任也会积极地建议学生去做心理辅导。因此，学校的师生对心理辅导始终抱着开放和认可的态度。

另外，对于有心理咨询需求的其他教师，学校也会对其进行个体心理辅导，以缓解教师在工作中的紧张和压力，引导教师用科学的方法教育子女和学生，梳理好自己的情绪。也常会有一些班主任为了更好地管理班级来到心灵小屋与心理老师共同探讨科学有效的班级管理方法，来学习初中孩子心理成长的变化。心理健康教育团队为学校每一位教师的心理健康保驾护航，努力让每一位教师拥有健康良好的心态，具有初步的心理应对技巧，以使每一位教师在课堂上展现出乐观饱满的精神状态，引领学生更好地发展，构建学校整体的心理健康大格局。

根据学生成长的需要和课堂中发现的问题，心理教师会设计专题进行团体辅导，或者将咨询中遇到的同类来访学生组成小团体进行心理辅导。例如，增加班级凝聚力学生团体、七年级适应团体、九年级考试焦虑团体等。此外，学校还会开展学生个体、团体沙盘游戏活动，以缓解学生在学习方面的心理压力，积极地调解情绪，释放压力。

（4）创设浓厚的心理健康教育氛围

学校会通过各种渠道，利用尽可能多的机会进行心理健康教育活动及宣传，希望以此引起教师和家长的高度重视，让学生去积极关注自己和周围人的心理健康，并能采取正确的方式解决心理问题。

①班级板报评比

心理咨询师与德育办公室联手举办了以积极心理学为主题的心理板报征集和评比活动。根据学生的需求，由心理教师和德育教师共同确定心理板报主题，如校园暴力、网瘾等。学生通过查阅资料对相关的心理学内容增加了了解，掌握了基本的应对方法。

②利用家长会面向全体学生家长做心理科普工作

学校开通了家校同步的心理健康教育渠道，利用家长会、家长学校等途径指导家长转变不合理的教育观念，让其了解和掌握青少年的心理特点，注重自身良好心理素质的养成，营造健康的家庭心理环境。

学校多次开展主题讲座，如《寄语愿望搭舞台，用心培养新一代》以及《家长的理想、追求、品格和行为影响孩子》等，通过讲座向家长普及心理健康教育相关内容。

③利用互联网信息平台向家长推送心理健康相关信息

心理教师会通过教师QQ群适时地向教师和班主任推送关于家庭教育、缓解心理压力等有益于家长和学生身心健康的文章，同时，班主任会将文章转发到班级群从而推荐给家长。心理教师还会利用微信平台，对有需要的学生家长进行网络心理辅导。初中时期的孩子进入了青春期，家长和孩子在沟通方面容易产生矛盾。很多孩子产生的心理问题就是由不当的亲子关系造成的。在咨询中，一旦发现问题的原因，心理教师就及时与家长进行沟通，指导家长如何面对青春期的孩子，了解青春期孩子的心理特征。要因势利导，不急不躁，调整好家长自身的心态。这些家长就会经常通过微信，随时随地地与心理老师沟通请教。在心理教师的帮助下，家长与孩子的亲子关系能够得到有效的改善，促进其共同成长。

④全方位的心理教育体系

每学期学校的专职教师会同兼职心理咨询师进行个案研讨、经验交流、读书分享活动。心理咨询师团队会经常参加各种专业技术培训课程来充实自己，不断提高业务素质，掌握更多的咨询技术和方法。

（三）卓越少年成长家校育人团队

家庭是孩子的第一所学校，父母是孩子的第一任老师。在孩子成长过程中需要全员、全程、全方位的三全教育，更需要家庭、学校、社会、学生四位一体的教育，所以我校通过学校对家长的培训、班级多元家校沟通等方式建设了一支高素质的家校育人团队。

1.家长培训提升卓越少年成长家庭教育质量

成立三级家长委员会，即校级、年级、班级家长委员会，并建立家长学校，进行家长教育培训，提升家长素质和家庭教育水平。由于学生家长素质参差不齐，家庭教育基础也各不相同，开办家长学校显得更为重要，做好家长培训我们从以下几个方面入手。

（1）学校在成立家长委员会时，建立和完善了相关制度，明确了家长学校的发展目标和领导机制。家长委员会是联系学校、家庭、社会教育的桥梁，组建家长委员会能进一步增强家长对学校管理的参与意识，提高家长对子女的教育和管理能力，使家长能适时地配合学校进行教育，构建一种适合学校及学生特点的三位一体管理模式，即"学校——家庭——社会"协同管理的育人模式；组建家长委员会，有助于对学生在社会上的表现进行指导、监督、评价、反馈，拓宽教育阵地，形成共同关心下一代健康成长的良好社会环境，推动学校教育工作由封闭型向开放型转化；组建家长委员会，有助于发挥家长在家庭教育中对孩子的长期的潜移默化的教育作用这一优势，切实解决家庭教育过程中的困惑，解决家庭教育中的热点、难点问题，使我们的家庭教育、学校教育更具时代性、科学性。

（2）家长学校的产生是家庭的需要，社会的需要，也是学校的需要。家长学校"培养"的对象是家长，教育的最终目的是培养学生，所以说家长学校是促进学生成长的催化剂。办好家长学校，首先，应充分利用闲暇时间给家长充电，可以给他们讲党的政策，再结合家长各自特点进行实用技术的培训。在此过程中，要对孩子巧妙地进行教育方法的指导。定期召开家长会，是家长学校的主要任务，通报学生在校的进步程度，主要是学业和行为方面。倾听家长对孩子的评论。因为家长的教育方法必定有限，说得多了会造成家长体罚孩子的错误行为，反而影响师生间和谐的关系。学校要经常性地沟通，倡导家长和学生一起听课，家长也能看出一些不足。这才能把家长、学生、教师联系得更紧。

2. 班级多元家校沟通方式促进卓越少年成长

一个班主任带两个班，一个是学生班，一个是家长班。要使学校教育能达到预期的教育效果，家长的配合是一个重要的因素，而家校沟通的方式尤为重要。

（1）期中、期末家长会的召开

首先，选一个好的标题提升家长会品质，比如上学期期末，可以采用个人总结、家庭总结的形式，家长会的名称定为"细数时光,盘点过往"；期中我们的家长会名称为"凝心聚力,蓄力前行"等。其次，家长会的内容。会议内容一定既要考虑家长喜好，又能反映班级问题，通常从以下三方面召开：家长肯定喜欢听孩子的事，所以一般可以由班级发生的故事引入，分享其中的感悟；参加家长会肯定是想学点什么有些收获，所以要谈谈班级管理策略与方法；同时每次家长会都要给家长一些指导，做一个简单的小的培训。最后，要谈谈班级成绩，指出共性问题，绝不单独点名，或者只表扬个别进步或学习态度突出优秀的同学，批评或者表扬大多数都会让家长有如坐针毡的感觉。通过班级成绩的问题指导家长如何配合老师的工作。这样的家长会向家长渗透学校教育德育为先、班级管理有方、育人不能只关注分数的理念，对于家长教育孩子也是一种引导。

（2）微信群及时分享感悟，引起家校共鸣

为了能让家长随时了解班级情况，把班级发生的一些好玩、感动、典型的事件及时在微信群分享。让家长感受到老师对孩子们的细心关注与喜爱、班级生活的丰富多彩、班主任工作的纷繁复杂。

材料十六：

体操比赛后班主任在微信群里的分享案例

收到了体操比赛的通知，个人觉得比赛成绩固然重要，但是相对于每天间操看着那些不会做操的孩子们，卖力气地乱做着自己的武术操和乱蹦乱跳地跳着啦啦操，我真的是哭笑不得！所以对于这一做法我特别赞同，也正好借此机会好好练练！所以我们利用3个中午的时间，聘请来2个六年级的小朋友来教我们学习这两个操！我们一个动作一个动作地练习、纠正，没有任何怨言，很听话。今天比赛前，我们又用了一节课突击了一下，比赛时，孩子们个个精神抖擞，认真地做着每个动作，哪怕是顺拐，也顺得斗志昂扬！我在照相，我看孩子们认真地比赛，在队伍前面竖起了大拇指，眼睛湿润了，可能泪点比较低，心里想的是成绩不重要，我的孩子们达到了我的预期目的，这就足以了！可是出人意料，我们班以平均分95.6的最高分获得了七年级第一名，全校第二名！那一瞬间，我在队伍的前面，看到孩子们的眼神中闪过一丝光亮，表情由木然到笑容灿烂，我笑了，他们在众多老师中寻找到了我，开心地笑了！我又竖起了大拇指！孩子们你们是最棒的，无论做什么事，只要尽力就好，但是越努力越幸运，这是不可预期的！接下来，他们又提出了要求，比如大赦天下（不扣分了），比如出去玩一节课（给了半节），比如无理到让我跟书法老师求情（书法作业好多人忘了写）。可爱的孩子们，希望你们在学习中也有这种精神，不放弃，有希望，尽最大的努力，有最好的追求，期待期中考试你们的优异成绩！

班主任把午餐——奶奶的辣酱班级故事在微信群里分享案例

午餐——奶奶的辣酱班级故事分享！按照班级规定，月评比前三名小组，张老师要给奖励，第一名中午加菜一荤一素，第二名两个素菜，第三名一个素菜，结果昨天，我买错啦……第三名被落下了！我答应今天给孩子们买，结果，我又忘了！我回到班级时，王茁名跑来，一伸手，老师，素菜呢！尴尬之余，我迅速反应，在这呢！还好，今天婆婆给我带的拌小菜和辣椒酱，我说，你们有口福了，张老师给你带的是纯手工的，于是小菜都被分完了，酱汤儿让王梓嘉和饭里了。第三组分完，李雨说，闻着味都香，尽管第三组再三反对，还是每个人发了一圈，最后李博吃了福根，姜棣把辣酱瓶盖刮得老干净啦！最后达成意见，这些比外卖更好吃！开心的中午，来自奶奶的辣酱！

（3）班级周记，家校互通，促进合作

为了家长方便了解学校活动、班级活动、学习进度、孩子作业情况，我会在每周或隔周以一封信的班级日记形式，用纸笔与家长交流。其中内容为总结一周活动、学习情况、班级出现问题、作业情况，同时赋予家长一些权利，比如手机的管理权等，再有就是通过家长反馈来了解孩子在家里的表现，如手机使用、外出情况、作业完成时间等。

材料十七：（典型周记分享）
七年四班班级周记
亲爱的家长朋友们：

开学第十五周，大家好！

一、关于班级活动

1.期末临近，为了更好地调动孩子期末复习的积极性，利用好课余及课下时间，班级开展了《我是大富翁》的"售题活动"，规则是，用自己和小组的分买题（没分的可以"贷款"），按时完成双倍积分，做错或不按时上交扣购题分数的一半，每天评比一次，赚的分数最多的同学被评为当天"首富"，其次是十大富豪。分数少的"特困户"，会有人救助。呵呵呵！但愿这样的活动能给孩子们紧张的期末复习增添一抹快乐！

2.班级期末一对一挑战继续,跟、盯、防,孩子的挑战亦是家庭的挑战,各位家长坐下来跟孩子一起确定期末达成目标,就以期中成绩为准,分为班级名次、年级名次、挑战对象、对手优势、我的优势、家庭挑战宣言（爸爸宣言,妈妈宣言,自己宣言）。这次期末家长会,由家长代表孩子做期末总结、挑战情况分析！所以整个家庭必须全力配合,按需分工,该做饭的做饭,该关注学习的关注学习！期末来了,你们家准备好了吗?

二、关于数学

今天将两次大练习成绩下发,敬请关注！

1.进度：数学已将八上前三章完成（13章差了几节课）,并且停止新课学习！

2.期末考试内容：七下全部内容,重点是期中之后的几章。下周开始,我们将从第六章开始复习,并且穿插模拟练习。

3.准备一个卷夹子做期末数学卷子的整理。

4.周末作业是一套综合题和八上收尾4页练习册,别落项,学习有困难的可以利用周末提前开始复习啦！想拔头筹,勇于挑战的可以自己找题,做做压轴题！

三、关于期末考试

时间在七月三日,考试科目：语文、数学、外语、地理、生物、政治、历史。

本次考试的重要性：

1.这么多年第一次在七年级全区联考,能看出孩子在区里的成绩位置,机会难得,值得把握！

2.初中生活一整年,给七年级画上一个完美的句号。

3.高度重视地理、生物,第一次加入中考,学校已安排每周五地生大练习,足以看出重要性。

4.高度重视政治、历史，每一分跟语数外都是一样的。

5.时间紧张，在校学习时间只有11天（中考还有假期）！

四、关于手机

张老师建议减少手机使用时间,最好以户外活动、读书代替使用手机,请孩子们听取建议,家长做好监管,负起责任!

分享阅读的一篇文章节选内容。

家庭教育十把刀

第1把刀：太多的关爱，使得孩子不知珍惜；

第2把刀：太多的唠叨，使得孩子逆反对抗；

第3把刀：太多的干预，使得孩子缺乏自主；

第4把刀：太多的期望，使得孩子难以承受；

第5把刀：太多的责备，使得孩子失去动力；

第6把刀：太多的迁就，使得孩子不知约束；

第7把刀：太多的在意，使得孩子要挟家长；

第8把刀：太多的享受，使得孩子不知节俭；

第9把刀：太多的满足，使得孩子缺乏快乐；

第10把刀：太多的溺爱，使得孩子不能成长。

你以为父母无偿地付出就会有理想的回报？虽然我们付出不图回报。我们要爱孩子，更要让孩子感知我们的爱，不要让爱泛滥，也不要什么都以爱的名义伤害孩子。

（请家长如实填写，配合老师工作）

时间	周五	周六	周日
体育活动内容			
时间			
读书内容			
时间			
人机未分离时长			

第六章
卓越学校未来展望

建校五十八载，全体一〇三中学人筚路蓝缕、弦歌不辍，用辛勤、智慧和汗水共同谱写了学校与个人共奋进、齐发展的动人篇章。学校特色更加突出，卓越教育文化日益明显；多元课程扎实推进，智慧课堂创新发展，教育教学质量稳步提升；卓越教师队伍建设成效显著，师资力量不断壮大；卓越人才素养显著增强，学生综合素质不断提高；硬件建设成效显著，办学条件得到改善。环境优美、内涵发展的一〇三中学高举卓越教育大旗，在探索现代化教育的发展之路上且思且行。

"惟进取也，故日新。"敢为人先，以变革的勇气和现实的行动，从"被动转"到"主动立"，这是南关生态教育人最为难能可贵的胆识和气魄。因此，突显"卓越"和"体系"两大关键词，主动构建完整的"一〇三大学区卓越教育体系"，应是未来五年乃至更长时间里学校教育的发展目标和重点任务。新的科技革命对人类社会、学校形态、学校价值追求产生了巨大冲击，在人工智能革命下，未来卓越教育已经破壳而出。卓越教育的未来发展不是对今天学校的推倒重来，而是从今天的实践出发，通过逐步变革实现的。栉风沐雨中发展壮大的一〇三中学未来卓越教育势必在实践与发展、改造与创新中脱颖而出。

对于卓越教育的未来，我们在实践与探索的过程中一直在寻找学校的发展定位：未来的卓越教育到底是什么样的？我们深刻分析了学校面临的发展形势和历史使命，对学校卓越教育未来发展的主要任务做出了重点规划，学校未来发展的蓝图已经绘就。

一、发展定位

党的十九大报告把教育摆在优先发展的位置，指出建设教育强国，发展素质教育。与新时代中国特色社会主义相适应的素质教育，必然具有新的时代内涵、符合新的时代要求，中国教育将进入新素质教育时代。因此，我们要高举中国特色社会主义伟大旗帜，以邓小平理论和"三个代表"重要思想为指导，深入贯彻落实科学发展观，全面贯彻党的教育方针，遵循中学教育发展规律，面向社会需求。坚持卓越教育办学特色，以人为本、育人为先，加强卓越学子的文化素养、健康素养、艺术素养、绿色生活素养，真正实现教育的"去应试化"，完成教育价值观的重建，推动整个教育从"应试本位"走向"人的发展本位"，促进每一个学生的全面发展和优秀人才的脱颖而出，让师生享受更优质的教育和服务，为南关教育、国家、社会发展做出贡献！努力构建起一套适应现代学校建设的教育模式，包括凸显校本特征的课程与教学体系、学生学习水平的综合评价体系、引领教师自主提升的专业发展评价体系和凸显师生和谐发展的文化体系，把学校建设成为质量优良、特色鲜明、品牌突显、和谐发展的百姓满意、彰显教育规律的国家、省、市级素质教育示范校。

第一，从功能上讲，未来学校将呈现出教育的"去中心化"趋势，学校作为"传授知识的中心"这个概念将会被颠覆。

第二，从学校与社会的关系看，教育的实施正呈现出"去边界化"，学校与社会之间的篱笆正在被拆除。

第三，从教育实施的空间看，未来学校呈现出"社区化"，社区已成为实施教育教学活动的重要场所。

第四，从教育资源的供给看，未来学校正呈现出开放化、共享化的特征，课程的供给不再是传统的学校教育的特权。

卓越教育下的未来学校必须遵循教育规律和人才成长规律，注重培养支撑终身发展、适应时代要求的关键能力，具有国际视野，对接国际先进教育理念和一流教育资源，通过更加密切的互动交流，共同绘就学校教育的未来蓝图。

二、发展灵魂

学校文化是学校价值取向的精练表达,更是办学行为的"座右铭"。如何使学校文化落实落地?就是要找到学校发展的灵魂。一〇三中学发展之魂就是:"崇尚卓越教育,追求卓越精神。这是引领学校教育可持续发展的根本,是加强思想自觉和行动自觉"的关键,是将学校文化刻印于脑,内化于心,外显于形,朝理想铿锵迈进的实践的体现。找到学校发展的"文化灵魂",就应充分发挥其作用与功能。我们从以下三个方面增强其作为和功能。

其一,学校文化落地生根,需要在广大师生和家长的认可和接纳中获取"名分"。我们可以通过全体教职工会、退休老师座谈会、家长委员会联系会和书面意见征集等形式进行宣讲和讨论,充分听取来自各方的意见,使学校文化获得最大程度的共鸣。学校文化不仅生成于实践,还要生长于理解,只有为师生和社会认可,它的生命力才能逐渐壮大。

其二,学校文化要增强整合办学实践的能量。学校文化既然作为学校长时期的核心价值追求,就应发挥它整合办学实践的能量。我们要以办学理念链接学校文化,统整教育实践活动,凸显教育的核心价值追求,使学校文化由近及远、由虚到实体现作为,发挥功能。

其三,学校文化要落地实践并生根开花结果。这是文化的生命力所在。学校文化的核心价值,在于对办学实践的优化,对学生发展的真实促进。学校管理团队需要做好三件事。第一,在各项工作计划与实施中,都要与学校文化有机相连。第二,对学校文化"落地"的效果切实评价,无论是从教师教育教学行为,或者是学生的发展变化,都要带着学校文化的"有色眼镜"检验落实情况,以此促进教师,引导学生实现自觉、自主的追求。第三,要不断总结积累学校文化推进的经验,以多种形式传播学校文化的价值,增强其在学校内部的渗透力和影响力;以行动、以实效迎来办学的现实精彩,为未来办学的"精进"而积淀厚重优质的"历史"资源。

三、卓越工程

纵观国际教育发展趋势，各国以及国内部分地区在追求卓越教育的进程中，推进实施的路径集中突出"课堂、课程、师资、管理"等其中一到两个方面。我们要进行的卓越教育是个体系工程，必须要协调处理好学校规模、结构、布局、体制之间的关系，力求要在以一〇三中学办学模式、育人方式、资源配置、人事管理、学校治理等方面整体发力、整体推进，进而形成完整的体系，以各教育元素的"卓越小体系"建构整个区域教育的"一〇三卓越教育大体系"。

（一）内部管理人性化

教育之"育"，应该从尊重生命开始，使人心灵纯净，胸襟开阔，自觉追求美好。因此，未来卓越学校就应当营造一种积极的文化氛围，让教职员工享受工作，让学生享受学习，使学校成为师生员工的精神家园。一所学校所具有的独特个性、品位和文化内涵，正是其卓尔不群的风格与魅力的体现，也是其长盛不衰的秘密。文化的个性和品位决定着学校的个性和品位。学校的辉煌与生命在于它拥有让人称道的文化，能用自己的文化主题去丰富学校的内涵，让师生们在这所学校和谐地、诗意地生活与成长。

1. 提炼学校精神——建构学校的文化内涵

学校精神是学校文化的核心。高品位的学校文化是以高尚的价值观为主导的。良好的学校精神不仅能够提升学校的办学品味，更能激发师生员工的荣誉感、归属感和向心力，并且这种精神本身就会成为师生员工对于生命幸福的一种追求。

作为学校的管理者，要努力塑造、凝练学校的精神，给师生员工一种对于幸福和生命价值的追求，把学校精神融入他们的生命，渗入他们的灵魂，让他们树立起对生活的理想与信念。

在学校，这种对生命价值的追求可以体现在学校的各个方面，如教师对学生的责任可以引申到关乎社会发展与人类进步的高度，从而可以激发教师崇高的理想与信念；学生良好的知识与能力等素养可以引申到改变人类的进步的高度；教师之间的团结协作可以引申到关乎学校的前途和命运的高度；师生员工礼貌的行为、高雅的举止可以引申到社会人的素养提升的高度……这些与师生员工工作、学习密切相关的内容一旦提升到一定的社会高度，就可能激发他们的责任感与积极性，使他们能够感受到自己的努力对于社会的意义，从而帮助他们重塑信仰，追求生命的意义和价值，改变他们的思维方式，增强他们生命的幸福感；一旦他们有了信仰，有了共同的价值追求，那么学校的凝聚力、战斗力将会成倍地提高。

2. 实施人本管理——引领师生的文化行为

在未来卓越教学发展中，教职员工作为教育工作者应当把敬业奉献的职责作为一种自觉，

面对社会生活压力依然在默默地奉献着，这比一般意义上的社会人更需要管理者的关注。作为未来教育的管理者，要用卓越的"人本管理"去思考问题，以力所能及的方式去缓解教师的压力，给他们的工作与成长创造宽松的环境。学生作为即将走上社会的一代，作为未来社会发展的主力军，承载家庭和社会太多的期望，更需要管理者以对未来负责的态度，给学生的发展提供优质的教育，培养他们健康的身心。面临这些越来越复杂的管理问题，未来卓越学校管理者必须改变思维模式，在管理中把人放在第一位。人性化的管理，更多的是体现在生活和工作的细节中，只要管理者能够将心比心，换位思考，把管理看成是主体与主体的关系，把教师和学生都看成是学校的主人，必然能够在有效地推进工作的同时，给师生员工一片自由的天地。

3. 优化成长环境——营造文化发展的物质基础

学校环境是外显的，它可以承载文化信息，同时对发挥学校文化的作用具有重要意义。校园环境包括校园建筑、场地设施、文化设备、校园绿化等方面，是学校文化建设的物质基础。未来卓越教育要建设积极向上的物质环境，营造学校浓厚的文化气息，使学生在潜移默化中追求

卓越，立志成才。将卓越教育的思想植入学校的物质环境建设，营造出卓越教育的文化蕴意。从校园基础建设改造，到楼层卓越文化的体现，从教研组文化布置到班级文化的创建，把卓越文化体现到孩子们的每一个成长空间。

4. 关注生命成长——提升学校教师的生命活力

成长，不仅是学生的需求，更是教师的需求。在学校这个特殊的环境中，教师的专业成长不仅是教师自身的需求，更是学校发展的需求；是课程改革的需求，更是学生全面提升的需求。在这些需求当中，教师自身的需求是原动力；而学生全面提升的需求，则是教师专业发展的归宿。

教师的专业发展，最重要的是激情。校长要有一种创造的冲动，有一种不断挑战身心的成就动机。如果教师只会教书，也就没有了亮点和特色。只会教书的人是教书匠，既会教书又会育人的人才是教育的专家。教师应该奋力追求，充分张扬自己的个性，成为教育的专家，从而成就人生与梦想，实现人生价值。

师生确立"追求卓越，崇尚创新"的行为目标。卓越教育最终的落脚点是人，做卓越学生，做卓越老师，做卓越管理者。学校探索多种途径将卓越教育理念内化为师生认可的价值观和行为方式。发挥仪式的教育力量，在升旗仪式、开学典礼、百日誓师、大型活动、社会实践、拓展课程等多方面融入卓越教育的基本精神和行为原则。倡导教师开展专业反思，让每一位教师在专业发展过程中把卓越教育理念内化于心，外显于行，努力成为卓越教师。

5. 发掘学生潜能——奠基学生异彩纷呈的未来

社会要可持续发展，作为发展主体的人首先必须是可持续发展的，不仅要具有全面发展的素质，而且要富有创造性和自我发展的潜力。因此，以人的可持续发展为中心的教育开始受到大家的关注。教育不再为了追求考试分数，而是为了使人的潜能得到充分发挥，使人的个性得到自由和谐的发展。教育要着眼于学生未来的发展，要为人的智力开发与可持续发展打好基础。

学校的文化建设要从学校的办学理念入手，充分调动教职员工对学生全面成长的关注，注重学校教育教学过程的每一个细节，不仅要注重学生的知识学习，更要注重学生能力的培养与素养的提升，同时要为学生的成长提供各种平台，给学生自主的空间，让他们自主地组织各类活动。

既让他们有展示自己才华的舞台，也在此过程中锻炼他们的能力。

（二）课程构建个性化

未来卓越教育课程供给将从传统学校的"统一批发"走向未来学校的"个人定制"，课程供给将从过去的学生围绕学校转，变为课程供给围绕学生的需求转。定制化课程实现的具体路径将基于互联网、云计算、大数据、物联网以及人工智能技术应用的学生学习诊断和分析。由此，未来学校教育将逐步走向适应每个学生的"精准教育"。

课程是实现学生培养目标的重要载体，是组成教学整体的细胞，学校关于学生培养的一切措施，最终都落脚于每一门具体的课程，通过课程教学来实现。按照泰勒的目标模式说，培养目标是一种构想，一个蓝图，它指导课程建设与实施的全过程。在课程构建、组织实施与评价的过程中，都是以目标为前提和依据的。

在新的历史时期，由于人才培养目标发生了深刻的变化，科学技术的发展引发了学生培养内容、培养方式、培养手段的变化，社会发展变化时刻改变着人们的知识观和能力观，这些变化必然要求学校创新学生培养模式。未来课程建设的要素有：

一是课程建设要有选择性，要让学生得到适合教育，使学生将课程学习与自身感兴趣的领域的发展紧密结合起来，以利于形成内在发展动力。

二是课程建设要有现代性，既要注重融入现代内容，体现时代特点，同时也要注重对传统内容的现代化表述或呈现。

三是课程建设要有融合性，也就是课程与数字技术深度融合，这是当前与未来学校推进人才培养模式创新必须把握的重要课题。

四是课程建设要有兼容性，这里着重是指课程改革应着力促进学生全面而有个性的发展。

五是学校课程要有发展性，也就是要创设能够激发学生不断认识与开发潜能的平台。

六是课程建设要有体验性，也就是课程要体现回归，以人为本，充分顺应人性，促进学生不断走向飞跃。

课程是学校实现教育目标的最主要的途径。学校培养什么样的人是通过相应的课程来实现的。构建现代课程系统，是学校发展中最基础、最核心的建设，其最关键的环节在于植根于学校的发展理念，精准定位学生培养目标。未来，我们将在此基础上积极实践与探索，构建具有未来学校自身特色的现代校本课程模式，将学生培养目标落到实处。

（三）学习方式自由化

卓越教育在实践探索中的发展是新时代教育的重大命题，也是教育发展的永恒主题，更是教育科学研究的崭新课题。长春市第一〇三中学对于卓越教育下"学校""学习""课堂""学习路径"等核心概念进行了全面的审视，提出了我们的理解，以回应时代发展对学校提出的新挑战和新机遇。卓越教育在未来学校建设中要扎根中国大地，凸显中国特色，着力构建德智体美劳全面培养的教育体系，健全家庭、学校、政府、社会协同育人机制，形成全员育人、全过程育人、全方位育人的格局。在今后的工作中，学校全体将在"卓越教育"之路上一如既往地团结务实、开拓创新、勤奋奉献、廉洁高效、迎难而上，以高度的责任心、事业感、凝聚力和战斗力，促进内涵发展，不断提升办学品位。

1.构建学习新路径

卓越教育下的未来学校将会重新构建学习路径，让学习从书本走向世界，学生从被动接受者转变为主动学习者，打破"一言堂"现象，让个性化学习得以落实。

一是新技术支持的学习路径重构。在人工智能和大数据的支持下，我们可以通过科学测评了解学生的潜能特征和最适宜的学习方式，对学习者进行精确画像，精准匹配他们的个性化学习需求。判断学生对当前学习内容的掌握程度并推送相应内容，选择适当的媒体呈现形式，对学习资源进行排序，并提供不同的学习路径，帮助学习者积极主动地参与到学习过程中去，开展更深层次的学习。

二是差异化学习方案助推的学习路径重构。传统教育的最大弊端就是用标准化流程来开展教学，用一模一样的学习方案来培养完全不一样的学生，忽略了学生学习需求是多元化、差异化的特征。构建分层分类的学校课程体系，支持学生开展走班选课，为学生提供多种选择的学习路径。以学习者的经验、个体生活和核心素养为基础，打破学科的固有界限，以真实问题为核心进行课程重组，通过多元的课程资源实现学生个性化发展。根据不同课程主题的特点，打破40或45分钟的固定课时安排，灵活设置长短课、大小课和阶段性课程，形成以主动、探索、体验、创作为特征的新型学习方式。

三是教育生态圈承载的学习路径重构。学校应该是一个开放的组织系统，要建立与真实世界的联系，充分利用外部社会资源开展教育，把整个社会变成学生成长的大课堂。未来学校要把知识学习与社会实践、社区服务、参观考察、研学旅行等结合起来，将教育的视野投放到校园之外的场域，包括科技馆、博物馆、社区、田野、高新技术企业等等。即使这些场所并不是专为教育而设计，但却具备某些鲜活的知识元素，在学校教育与真实生活之间建立起实质性的联结，让学生的学习成为建构世界和探索自我的鲜活实践。

2. 寻找学习新方式

未来卓越教育的学习方式将突破时限，学习内容将无限延伸。

一是坚守传承、盘活积淀的学习。我们认为，卓越教育下的未来学习要回归教育本质，是一种主动的学习而非被动的学习，是一种利用现代技术但不被现代技术所绑架的学习，是一种注重联系实际而不唯书本的学习。

二是重组课时、突破时限的学习。近年来，混合式学习、翻转课堂等新的学习形态不断涌现，打破了原来班级授课组织形态下的学习时间分配，把课内课外时间结合起来，倡导把更多的时间还给学生，让学生成为学习时间的掌控者，进而培养学生的自主学习能力和主动发展能力。

三是重构物理空间的学习。随着移动互联网与人工智能的发展，虚拟空间已经对学习方式产生了重要影响，从物理空间延伸到虚拟空间是未来学习的重要特征。

四是重组内容的学习。卓越教育的未来必须"去学科中心主义"，让教育回归生活，包括书本学习和实践学习。创新企业、社区、工作场所、政府部门、大学、自然世界、博物馆……这些会不断滋养孩子的成长，促进学生自我系统与社会系统的连接与激荡共生，良性互动。

（四）课堂教学智能化

未来的卓越教育课堂将立足于"为思维而教、为创造而教"，组织学生进行开放性的学习，在开放性的学习中展开思维教学，从多学科视角进行思维碰撞，以学生的亲身实践过程作为知识加工的依托，在实践中感知、发现、内化知识。在知识的加工中，提出新问题、新思想、新观点。

1. 卓越教育的未来课堂是学生生命成长的精神家园

在课堂革命的推动下，未来的课堂将会成为一个充满生产力和创造力的学习空间，学生可以主动发展他们在未来从事工作所需的能力，而教师更多的则是学习的支持者和促进者。未来课堂应能满足学生身心发展需要，并促进学生高级思维、有效沟通、积极合作、信息技术应用等多方面能力的发展。未来课堂要契合学生个体认知、性格、情绪等特点，满足学生个性化发展需要。未来课堂实现知识与生活、知识与社会实践的联合。未来课堂要转变过分注重知识学习、轻视实践体验的状况，增加学生动手实践和体验感悟的机会，密切学生与自然、与社会、与个体生活的联系，让学生用完整的视角去发现和解决问题、体验和感受生活，培养学生的创新精神和实践能力。

2. 卓越教育的未来课堂是突破时空的立体学习场

这需要具备五个方面的连通：

一是教室内部桌椅之间的连通。在未来课堂中，不一定是排排坐的桌椅布置，所有桌椅的布置应便于学生开展合作学习，也便于教师开展分组指导。有些桌椅可以带有轮子，方便师生根据需要灵活移动和组合。

二是同一年级和不同年级之间教室与教室的连通。教室的开放和连通性设计，可以更好地突破班级及年级的界限，构建学习共同体。

三是教室与学校其他空间的连通。学校的每一寸空间都是潜在的课堂，学校的整体空间是开放的，孩子们可以自由走动。

四是课堂与大自然的连通。与其说是两者之间的连通，不如说是将大自然变为课堂，在这样的课堂中，蓝天土地都可以成为教科书，山木草石都可以成为学习素材。由此获得的实际感受和经验，应该比课堂上教师的理论灌输更有效。

五是课堂和社区社会的连通。学校的教室，白天可以是教师和学生的活动场地,晚上可以成为周围社区的活动场所,学校周围的社会场所也可以成为课堂。这样的课堂,自然而然和家庭、社会形成一种紧密的关联,有助于学校、家庭和社会开展深入合作。

3. 卓越教育的未来课堂是信息技术助力教育教学的实践场域

未来课堂的品质和效率将越来越得益于信息技术的有力支撑,环境舒适、装备先进、操控便利、互动实时的信息技术配备,将成为未来课堂的有力武器。但未来课堂的品质和效率,与信息技术的现代化程度并不一定成正比。关键在于,要善于利用信息技术为教育教学提供有效支持和切实服务。

4. 卓越教育的未来课堂是各学习要素高度互动的活动社区

除了学生和教师的人际互动,人与技术工具的互动、技术工具与资源的互动、技术工具与空间的互动、实体空间和虚拟空间的互动等都扮演着重要角色,共同决定着学习产生的效果。另外,未来课堂也要实现学科之间的对话、互动与融合,使不同学科的知识由分裂、封闭、单一,走向整合、开放、多元。不同学科之间的互动融合,有助于改变单纯以学科逻辑组织课堂内容的做法,强调以学习者的经验、个体生活和核心素养为基础,打破学科的固有界限,以真实问题为核心进行课程重构,重点开展综合课程、主题课程、STEAM课程等方面的探索。

(五) 教师团队专业化

未来教育我们要引导教师深入理解卓越教育理念,完善教师发展课程体系和激励机制,落实"全景式"研修思路,组建三层联动的"雁阵"发展团队,全面提升教师素质。五年内,建设起一支有现代教育理念、作风民主、充满爱心的教师队伍;建设起一支有奉献精神的、具有教育科研能力的"科研型"的教师队伍;建设起一支爱岗敬业、教艺过硬、开拓创新、素质全面、充满活力、自主和谐发展的卓越教师队伍。40%以上的教师成为在市、区有影响的学科带头人、骨干教师,并形成梯队。注重教师教育教学能力提升。实施"雁阵式梯级驱动卓越教师培养"计划,通过"以用促培"、"以赛代培"、外出培训教师"二次微传导"等校本培养方式,强化"专业、敬业、精业"的师能建设。通过全员培训、师徒结对、骨干教师引领、名师工作坊、一课三磨、青年教师基本功大赛等活动突出课程、教材、方法、技术等培训。不断提高教师育德、课堂教学、作业与考试命题设计等教师专业发展能力。继续实施青年教师"12357培养工程"。融合国家、省、市教师发展研修平台，有效完成教师自主发展学习课程。

1. 卓越教育理念下的教师要成为"读懂学生的分析师"

卓越教育对未来教师的要求更加多元。教师要想在"互联网+"教育中获得成功，就不能只做"教学的师傅"，要做读懂学生的"分析师"。教师要成为最懂学生学习需求的人，这才是教师职业的核心竞争力。一方面，教师要主动借助大数据等新技术，读懂学生的认知状态，分析学生的学习特征，评估学生的优势潜能和最佳学习方式，设计个性化的学习推送方案。值得注意的是，教师除了要关注平均分、优秀率、合格率等总体数据之外，更要关注学生的个体数据，包括非结构化数据、规律性数据、异常数据等，善于发现数据背后隐藏的信息，这将为教师实施精准教学提供极为重要的参考。另一方面，教师要充分发挥专业特长，研究学生是怎样学习和成长的，读懂学生的非认知状态，包括动机、情绪、品质、价值观等。

2. 卓越教育理念下的教师要成为"重组课程的设计师"

一个好的教师，往往是一个好的课程设计师，重组课程的能力将成为卓越教师的核心素养之一。第一，将现实生活引入课程，让书本中的知识在真实情境中产生意义。生活是最有活力的课程，万事万物都蕴含着丰富的课程资源，发掘它，就是语文；发掘它，就是数学；发掘它，就是历史；发掘它，就是科学；等等。第二，用完整的课程育完整的人，通过跨概念、跨学科、跨领域的方式，建设以主题呈现的学校课程体系，弥合分科教学对知识的割裂。第三，打破固定的课时安排，根据学科特征和课型内容灵活设置长短课或大小课，让学生在对话和互动中建构知识，实现知识的有效迁移和对知识的深度理解。

3. 卓越教育理念下的教师要成为"联结世界的策划师"

挖掘外部社会一切有利的教育资源，把最好的教育资源引向学生。教师一定要成为"联结世界的策划师"。第一，任何有专长的人都能成为教师。通过校内外课程资源的有效整合，教师就要善于借助技术的力量，联结外部社会的优质教育资源，让专业的人做专业的事，拓展课堂教学的深度。第二，把世界打开，让孩子进来。过去，教材是学生的世界；现在，世界是学生的教材。学校应该带着学生走向社会，走向生活，社会应该向学生打开大门，接纳他们，积极主动地为学生成长服务。

（六）评价手段动态化

卓越教育未来的评价手段将更加丰富化、人文化、个性化。现在考试评价是选拔性的，未来考试评价是诊断性的，会用大数据记录整个学习的过程。记录学习者在哪些方面、在哪个点上有问题，然后它给你提供技术的支持，它更多的是做诊断而不是做鉴定。未来的考试评价不同于传统的静态的评价方式，它能够在动态的项目学习过程中，对学生所掌握的各种能力进行评估。它关注的是过程和学生本人的反思，而不是结果。当学生反思他们学习过程中所做的决定时，也是他们开始思考自身思维方式的时刻，从而达成一种建构式的学习。除了通过文字记录反思，学生还会用数字作品集记录自己的创造过程。一直以来，传统评价体系的僵化也让教师深受其苦。通过"动态化评价"，教师也可以在一个活跃的环境中进行自我反思和同伴评价。

四、未来展望

古人云："天下之治，有因有革，期于趋时适治而已。"意思是说，治理天下的办法，有继承有变革，但都是为了能符合时代需要，达到治理的目的。趋时适治的改革是教育事业发展的强大动力。当历史的滚滚车轮快速驶入中华人民共和国七十华诞的伟大时刻，在长春市第一〇三中学教育事业发展的第五十八个年头，人民群众对教育优质化、多样化、个性化的需求将持续增长，对共享教育成果的愿望将更为强烈，教育所肩负的民生责任也将更加突出，加之南关区生态教育已有的发展氛围、态势和成效，已经使我们不能仅仅停留在"项目推进"层面，只进行"修补式"和"碎片化"的单兵独进。卓越教育最终的指向是让每个学生成为最棒的自己。有人曾说："不粉饰世界的善良，也不承诺努力之后定会有收获，但是相信上帝创造每个人都有原因，你要做的，就是找到那个原因，不辜负这场生命。"

"教育"的"教"字乃上行下效之意，教者成"活的教导"、行"不言之教"，把真正的行为典范呈现给孩子，让孩子在潜移默化中吸收效仿。"育"，培育、养育，乃滋养之意，对孩子的支持、守护、陪伴就是滋养。所谓师者，"传道、授业、解惑"也。学习，终极是成为原本所是的样子。我们把学习划分为被动学习、主动学习和本能学习三种。无法支持孩子所是的学习就会变成被动学习；父母希望孩子主动学习，自然而然发生的才是主动学习，而不是被父母所要求的、希望的学习；比主动学习更进一步的学习是本能学习。眼耳鼻舌身意，意识潜意识，全息自动自发的全天候轻松的无师自通的学习就是本能的学习。卓越教育的目标就是致力于将孩子自身的潜力激发，完成独立的生命成长过程，在自己的优势方面成长，成为最好的自己！

有人说，"卓越"难以定义。追求卓越代表着对完美的追寻。把一〇三中学未来教育发展目标定义为"卓越教育体系"构建，好像虚化了教育发展的目标任务。笔者认为，"卓越"无疑就是"教育质量"和"更高素质人才"最好的注解和定位。因此，抓住了"卓越"和"体系"这两大主题，就抓住了"质量"的要义和精髓。一〇三中学未来的卓越教育体系势必紧扣"卓越"和"体系"两大关键词，在"卓越"上定位，在"体系"上着力。从"教育元素"的维度，明确构建"卓越教育文化体系""卓越课程体系""卓越课堂改革体系""卓越教师培训体系""卓越少年培养体系"五大任务。简言之，卓越教育体系应具备这样几个关键要素：卓越校长、卓越教师、卓越学生、卓越课程、卓越学校。各教育元素之间的逻辑是：卓越的校长通过卓越管理打造卓越师资队伍，办出卓越学校；卓越教师通过卓越课程培养造就一大批卓越的拔尖创新人才和高素质高技能的劳动者。

"取法乎上，仅得乎中。"在事业之初就怀有一个较高目标，意味着从一开始就知道自己在哪里，要往哪里去。"卓越教育体系"是"十三五"

乃至更长时期一〇三中学教育集团发展思路、发展方向和发展着力点的集中体现。这是一项普惠工程，是充分满足南关群众共享优质教育的现实需要；这是一项攻坚工程，是五大发展理念在生态南关落地生根的教育实践，需要"艰难困苦、玉汝于成"的坚守和执着；这是一项综合工程，涉及学校的各个层面、各个元素和各方力量；这是一项长期工程，需要一代又一代一〇三教育人的持续努力，在追求卓越的征程上且行且思、且思且行。